腾飞的巨龙

踏上时光列车　看中国铁路历史变迁

邹　毅 / 著　　何红毅 / 撰文

IC 吉林科学技术出版社

图书在版编目（CIP）数据

腾飞的巨龙 / 邹毅著. -- 长春 ：
吉林科学技术出版社，2024. 9. -- ISBN 978-7-5744
-1590-4
Ⅰ. F532.9-64
中国国家版本馆CIP数据核字第2024RE5608号

腾飞的巨龙
TENGFEI DE JULONG

著	邹 毅
撰 文	何红毅
出 版 人	宛 霞
策 划 人	端金香
责任编辑	郭 廓
助理编辑	钱泽琳
装帧设计	长春美印图文设计有限公司
制 版	长春美印图文设计有限公司
幅面尺寸	285 mm×210 mm
开 本	16
字 数	150千字
印 张	10
印 数	1～3 000册
版 次	2025年3月第1版
印 次	2025年3月第1次印刷

出 版　吉林科学技术出版社
发 行　吉林科学技术出版社
地 址　长春市福祉大路5788号
邮 编　130118
发行部电话/传真　0431-81629529　81629530　81629531
　　　　　　　　　81629532　81629533　81629534
储运部电话　0431-86059116
编辑部电话　0431-81629520
印 刷　吉林省吉广国际广告股份有限公司

书 号　ISBN 978-7-5744-1590-4
定 价　108.00元

序 一

　　铁路是大工业，是国民经济大动脉，是国家的象征。铁路拉近了城市与城市、人与人之间的距离；铁路网把物流人流联动起来，列车快速穿梭在祖国广袤的大地上，为祖国的建设和人民的生活发挥了不可替代的作用。

　　中华人民共和国成立以来，铁路由解放初期的 2 万多公里发展到今天的 16 万多公里；速度从 50 公里 / 时到现在的 350 公里 / 时；全国日发送旅客从 200 万人次到现在的高峰期 2000 万人次。中国铁路在世界上都是发展最快、速度也最快的；高铁成为世界铁路的领跑者，让世人刮目相看。

　　《腾飞的巨龙》一书，书中图文并茂，展现了光辉灿烂的中国铁路史。翻开这本书，人们的视线会凝固在铁路过去，那一去不复返的时光，此时产生的共鸣让人震撼，不由得回想起那些吞云吐雾的蒸汽机车一路鸣着汽笛把人们带到远方的时刻，与今天风驰电掣的高铁产生了鲜明的对比。这些已经消失的铁路运输方式在今天人们的眼中，依然伟大和珍贵。正在经历的身边事往往觉得不足为奇，一旦过去了也就忘却了，捕捉瞬间留住记忆，这也许就是摄影的魅力吧！

　　铁路摄影家在铁路发展中留下了浓重一笔，是他们记录了铁路的发展历程，用珍贵的影像见证了历史，通过图片讲述了铁路难忘的故事。我们不能忘记侯登科、钟兆松、王福春、田增玉、陈亮、郭滋润等老一辈铁路摄影家，他们把自己的一生奉献给铁路摄影事业。邹毅是其中的一位老摄影家，是铁路摄影群体中一位举足轻重的摄影家。

　　在 20 世纪 80 年代，中国铁道出版社出版中国铁路百年的大型摄影画册的拍摄中，我认识了邹毅。90 年代初我调入《人民铁道》报任摄影记者，那时他在沈阳铁路局吉林铁路分局任专职摄影，我们的工作就是拍摄好铁路为报纸供稿，交往就逐渐多了起来。他是一位快言快语、雷厉风行，担当有为、倾心付出、以苦为荣的实干家。记得 2013 年他生了一场大病，在没有完全康复的情况下，他坚持和我们一起创作，住在农村老乡家的大炕上，起早贪黑，爬到高山之巅、冒着严寒酷暑，拍摄我国第一条高寒高铁——长吉珲高铁。他的铁路摄影作品在北京、沈阳、吉林多次被展出、出版。直到 2023 年 12 月 31 日他 77 岁。生命最后一天他还在工作室编辑图片、制作展览。深夜还与我通过电话交流沟通，互祝新年快乐，谁知道第二天就离开了我们。我为这位有着突出贡献的铁路摄影家的突然离世感到震惊，他的离世是我们铁路摄影乃至中国摄影界的一大损失，我们永远怀念他。

　　光影成就影像，作品揭示主题。我们这一代摄影家很幸运地赶上了改革开放、新时代铁路大发展的机遇，从拍摄蒸汽、内燃、电力、高原、高铁时代的铁路春运暑运、建设提速、站车服务、整修线路桥梁隧道、机车车辆制造，到职工工作生活中的喜怒哀乐、教育医疗生活供应，反映了铁路的方方面面，见证了改革开放和新时代建设发展的全过程。摄影师就是一个"个体户"，影像瞬间的表达就是自我独特摄影观的反映，这一点邹毅表现得特别突出，他在东北工作，有着独特的摄影资源，他拍摄的森林铁路、高寒铁路、在大雪纷飞的山野中飞驰的钢铁巨轮，以及身着东北大皮袄旅客等，都是与众不同且有着区域特色的。

铁路摄影，作为一种独特的艺术形式吸引着众多的摄影人，铁路摄影协会、蒸汽机车和高铁摄影学会，承载着对铁路之美进行记录与传承的任务。在这个过程中，我们领略了铁路摄影的魅力和张力，感受到了铁路之美。从铁路摄影的魅力来看，无论是铁路风光还是人文摄影，都呈现出人类现代文明是沿着钢轨前进的。铁路是大动脉，更是一条时代的轨迹。这一幅幅铁路影像作品，标记着铁路变迁和时代符号。从邹毅50余年的铁路摄影作品中，我们不难看出铁路发展变化的印迹。《腾飞的巨龙》犹如一座桥梁，以图文交织的方式，引领我们跨越时空的鸿沟，体验从上世纪六七十年代铁路技术装备的落后到新时代中华民族伟大复兴所彰显的"中国速度"。这部作品，不仅是一次视觉与文字的完美融合，更是一次心灵的震撼之旅，它以全新的视角和深邃的内涵，赋予了中国铁路发展历程以鲜活的生命，让人在翻阅之间，仿佛与一段段过往的历史不期而遇，收获了一种前所未有的邂逅感。

细细品读全书，书中每一篇章、每一页内容，皆如灵动的丝线，牵引着思绪在时光的长河中穿梭，使往昔那些刻骨铭心的岁月一一浮现眼前。

回首过往，处处皆为珍贵的风景；岁月流转，人们亦未曾辜负光阴的馈赠。忆往昔，铁路在简陋与落后的基础上艰难启航。而如今，目睹其飞跃式的蓬勃发展，不禁让人心生自豪。尤为可贵的是，本书以敏锐的镜头捕捉瞬间，以灵动的笔触书写篇章，沿着铁路发展的轨迹，紧扣时代前行的脉搏，将岁月长河中的动人片段悉心留存，铭刻下那些鲜活的人物形象、突发的重大事件以及稳健的发展步伐，深情颂扬那个伟大的时代。一段段过往经历，见证着成长的蜕变，这段岁月的深刻感悟与独到理解，皆凝聚于一幅幅震撼人心的照片与一段段饱含深情的文字之中。这对于铁路事业的后继者而言，无疑是一份无比珍贵且极具激励意义的宝藏。如今，中国铁路已昂首阔步迈入高铁新时代，新一代铁路人正奋力续写更为壮丽绚烂的崭新篇章，为服务和支撑中国式现代化作出更大贡献。然而，往昔铁路人身上所彰显的自强不息、忘我奉献、开拓进取的伟大精神，永远不会被岁月尘封，必将如熊熊燃烧的火焰，代代相传，永不熄灭。

本书的书名同样令人心潮澎湃。铁路作为国民经济的关键命脉，其发展历程始终与祖国的繁荣昌盛紧密相连。东方巨龙的强势崛起，国家综合实力的日益强盛，恰似那一飞冲天、翱翔于苍穹的巨龙，气势磅礴，震撼世界。而铁路，正是这巨龙身上强劲有力的脊梁，承载着历史的厚重，托举着未来的希望，一路呼啸奔腾，驶向更加灿烂辉煌的明天。

中国铁路摄影家协会创会主席，现任名誉主席，中国工业摄影家协会副主席，中国摄影家协会理事，纪实委员会委员，中国摄影最高奖——第十一届中国摄影金像奖获得者，中国摄影金像奖评委，全国摄影艺术展览评委，国际摄影艺术展评委，全国摄影代表大会代表，全国文代会代表。

原瑞伦

2024 年 12 月 10 日写于北京

序 二

当岁月的指针悄然指向 2025 年 1 月 1 日，邹毅老师离开我们已满周年。在这特殊的时刻，他的图书《腾飞的巨龙》如同一颗饱含心血的明珠，呈现于世人眼前。而我，作为他的摄影学生和挚友，怀着崇敬与缅怀之情，来为这部凝聚其毕生铁路摄影精华的著作写下序言，心绪难以平静。

忆往昔，我们同在吉林铁路分局机关上班，他在宣传部从事摄影，我在办公室从事文秘。工作之余，我们因摄影而紧密相连，邹毅老师将摄影技艺倾囊相授。在跟随邹老师学习摄影的几十年时间里，我们几乎形影不离。他的镜头一直对准铁路建设与运营，他坚毅地行走在铁路沿线，深入施工现场、登乘列车，站里站外、车上车下，创作了大量铁路摄影作品。与此同时，我跟随邹老师，在北京、深圳、香港、澳门等十多个城市，为机关、院校、摄影团体讲学、办展几十场。用影像艺术的魅力，传播铁路文化。

邹毅老师在铁路工作了一辈子，对铁路摄影事业执着追求。不仅具有强烈社会责任感，而且有着敏锐的洞察力和艺术表现能力。他的影像不仅具有故事性，更体现着铁路情结。

《腾飞的巨龙》精准地定格了中国铁路从蒸汽机车的艰难岁月，到内燃机车的转型，再到电力机车的发展，直至高铁动车引领世界速度的新时代。每幅照片都蕴含着丰富的信息，除了画面所表现的内容之外，还承载着邹毅老师的人生经历。这百余幅作品，不仅仅是影像的简单罗列，更是一部会说话的史书，生动地诉说着铁路发展历程中的艰辛探索、辉煌成就与无数感人的故事。读者在欣赏艺术的同时，也可以体会到中国铁路发生的沧桑巨变。

《腾飞的巨龙》的问世，无疑是留给中国铁路事业及广大摄影爱好者的一份厚重礼物。它让我们在光影交织中重温铁路的峥嵘岁月，在时代脉搏跳动中感受铁路人砥砺前行的精神力量。相信每一位翻开这本书的读者，都能从中领略到中国铁路发展的波澜壮阔。

中国摄影家协会会员，中国铁路摄影家协会理事，沈阳铁路局摄影家协会名誉主席，沈阳局集团公司关工委报告团报告员。

刘慎库

2025 年 1 月 1 日

序 三

　　父亲离开我已经整一年了，可是，我对他的思念却越来越强烈。想念他的时候，我就整理父亲这一生留给世界的、用镜头记录下的那些幸福的画面，以及那些重要的时刻。我是第一次站在父亲的视角，想象着当时他按下快门的心境，尝试着重新审视事物、接受离别。因为，他的作品总是那么棱角分明、那么布局清晰、那么充满温情、那么细致入微。看着照片，我能感受到：儿时，他托举我的力量；少时，他轻抚我头的温暖；如今，他留给我坚毅、豁达、开朗、健康生活的遗愿。当然，还有他要传达给每位读者的，那份记录现实的真诚。

　　翻开这本收藏着父亲50余年心血的图书，就好像打开了时光通道，每张照片都是时光的使者，每幅作品都是对中国铁路发展的一次深情凝视。从蒸汽机车的轰鸣到高铁的风驰电掣，从偏远山区的人背马驮到现代物流的高效运转，父亲用镜头记录了中国铁路的非凡里程。这些照片，如同一串串珍珠，串联起中国铁路的辉煌篇章，展现了国家交通命脉的蓬勃生命力。

　　作为他的女儿，接到写序言的任务后，我内心激动又惶恐。我认真地去读父亲的每一本作品，好像我从未真正了解过他。我也是通过那些字句，才知道他拍摄作品时，爬冰卧雪的艰辛、风餐露宿的不易；也才了解到，在父亲生命最后的那几年，他的身体每况愈下，但仍然坚持野外拍摄的执着。当我再去观看手中的这本书时，那些车轮、那些色彩、那些笑容、那些汗滴，好像都有了更鲜活的感情，那是父亲在拍摄的刹那注入的、赋予的，也让我还原了父亲更为多维的一生，那么有意义的一生。他不仅是一个好父亲，也是一个优秀的摄影家。他留下的作品，不仅是给我和我家人的情感寄托，也是他留给每位读者的念念不舍。

　　父亲曾说过："摄影对于我来说，不只是记录，更是对话，是与时代、与心灵的交流。"也正是这份情怀，贯穿于他的每一次快门之中，让《腾飞的巨龙》不仅仅是视觉上的享受，更是心灵上的触动。

　　在此，我要深深地感谢吉林科学技术出版社和帮助我出版我父亲这本遗作的各位前辈，为我父亲未竟的事业，画上圆满的句号。更诚挚地邀请每一位读者，通过《腾飞的巨龙》这扇窗，一同感受中国铁路的磅礴气势，体会一个国家崛起的背后故事。让我们一起，沿着这条铁轨，追寻那些关于勇气、智慧与梦想的故事，感受中国这条"腾飞的巨龙"如何在岁月中一飞冲天。

邹毅之女邹颖慧

2024 年 12 月 17 日

前　言

　　铁路，作为国民经济的大动脉，承载着国家发展的重任，无论春夏秋冬，无数铁路职工始终坚守岗位，默默奉献，确保列车能够高效、安全地穿梭于全国各地，呈现出一幅幅钢铁巨龙奔腾的壮丽画卷。

　　书籍单薄，却承载了几十年的历史，记载了几十年的足迹，凝结了几代人的心血。

　　本书并未采用传统的编年史记叙方式，而是追寻着铁路发展的足迹，讲述了一个个生动鲜活的小故事，以小见大，以点带面。作者用精炼、细腻的笔触，串联起半个多世纪以来铁路具有代表性的发展变化——从蒸汽机车到中国高铁；从老式的臂板信号，到现代化调度指挥中心；从消失的铁路旧职业到科研新成果，多视角、立体化、全方位展示新中国铁路飞速发展的历程。

　　从建设年代铁路大军艰苦拼搏、奋力攻坚的动人场面，到蒸汽时代铁路蒸汽机车呼啸而过的难忘场景；从创业年代铁路机车工人夜以继日的勤劳身影，到动车时代的现代铁路网与"和谐号"的飞驰雄姿……这些珍贵的影像与作者的文字描述相辅相成，捕捉时代的特征，传承前辈的精神，共同诠释了那段历史岁月的成长与变迁。

　　以昨天的陈旧落后为坐标，才更能感受到今天的精彩与辉煌。正是昨天的努力与奋斗，才使得今天的铁路在坚实的基础上实现了大踏步的跨越。

　　本书不仅记录了铁路发展的历史更迭，还大力赞颂了一代代铁路人爱岗敬业、无私奉献的高尚品格，严守规章、时刻警醒的安全意识，以及自强不息、开拓进取的精神风貌。半个多世纪前，铁路人在那样艰苦的环境下无怨无悔地工作，为铁路事业的发展献了青春献终身，也为后来人留下了一份弥足珍贵的精神财富和优良传统。

　　铁路是一部大型联动机，各个生产单位如同其中的一个部件，紧密配合，共同协作，缺少了任何一个部件，这个庞大的联动机都将无法正常运转。而各个生产单位的专业性，更是联动机得以持续稳定运转的精华所在。有人形象地比喻，铁路的专业"粗如大缸，细如牛毛"，铁路的专业涵盖了众多领域，既有宏观的规划与设计，如同大缸般厚重坚实；又有着微观的细节与精度，恰似牛毛般细腻入微。

　　本书试图将铁路专业的"粗"与"细"阐释出来，把专业的知识点大众化、通俗化，成为人们普遍感兴趣的话题和关注点。通过深入浅出的讲解，让读者了解铁路背后的故事，感受铁路专业的魅力。

　　铁路，这条钢铁巨龙，在祖国的大地上奔腾不息。它见证了历史的变迁，承载着无数人的梦想与希望。让我们跟随这本书，一同回顾铁路的辉煌历程，分享铁路人的沧桑与收获，翻开这一页页历史，让记忆更加鲜活灵动，让未来充满希望。

目　录

第三篇 春华秋实

第一篇
铁马奔腾

火车头，奋勇向前，一马当先，作为一列列火车的牵引力量，始终行进在提速的路上。

这就是中国速度，是科技创新的速度，是拼搏奋进的速度，更是民族复兴的速度！

新中国的蒸汽机车时代

新中国成立初期，百废待兴，交通对于国家的发展至关重要。蒸汽机车作为那个时代的主要交通工具，承载着国家建设的重任和人民的希望。新中国的铁路从蒸汽时代走来，蒸汽机车为新中国的建设立下过汗马功劳，在中国的铁路发展史上写下了浓墨重彩的一笔。从完全进口到自己生产，从解放型到建设型、前进型，蒸汽机车的发展历程与新中国铁路的发展轨迹同步并行。

在工业文明时代，蒸汽发动机的发明为工业发展提供了新的动力。1825年，英国人乔治·斯蒂芬森设计的"旅行"号蒸汽机车行驶在铁路上，从此开启了蒸汽机车的新纪元。随着第一声汽笛的长鸣过后，一个崭新的时代宣告来临。

在中华大地上，一个有灵性、有情感、叱咤风云、雄姿勃发的钢铁巨龙出现了，远望它时如威风凛凛的龙头，喷云吐雾，风驰电掣；近观它时如八面生威的雄狮，昂首阔步，器宇轩昂。无论是在平原、山谷，还是在白天、夜晚，它的笛声响在哪里，哪里便会出现生机与活力。它以巨大的能量实现人类日行千里、翻山越岭的神话。

蒸汽机车的出现，极大地改变了人们的出行方式，提高了货物运输效率。在铁路线上，一列列蒸汽机车拉着长长的车厢，穿梭于城市与乡村之间，连接起了祖国的大江南北。人们可以乘坐蒸汽机车去远方求学、工作、探亲，货物也能够通过蒸汽机车快速地运往各地，显著地促进了经济的发展和物资的流通。

然而，蒸汽机车时代也并非一帆风顺。蒸汽机车的运行依赖大量的煤炭和水，这给铁路运输带来了很大的压力；蒸汽机车的速度相对较慢，噪声和污染也比较大。但是，在那个艰苦的年代，有志气的中国人并没有被这些困难吓倒。他们凭借着顽强的毅力和拼搏进取的精神，不断地改进蒸汽机车的技术，降低能源消耗，减少环境污染，提高运行效率。

随着时间的推移和生产技术的持续发展，蒸汽机车逐渐被更加先进的内燃机车和电力机车取代。但是，蒸汽机车时代留下的历史印记和精神财富，却永远铭刻在人们的心中。

蒸汽机车见证了新中国的崛起和发展，见证了人民的奋斗和拼搏，见证了那个充满激情和活力的岁月。那黑色的钢铁巨龙，那震耳欲聋的轰鸣声，都成了我们记忆中最珍贵的画面。

中国制造的蒸汽机车

从 1952 年到 1988 年，中国一共生产了 9698 台蒸汽机车，全国共有 16 个机车工厂参与制造，总共生产了 14 个型号的蒸汽机车。这些蒸汽机车在我国铁路发展历程中发挥了重要作用，推动了我国铁路运输事业的发展。

解放型蒸汽机车是新中国成立后制造的第一批自主型蒸汽机车，在我国铁路运输初期展现出了重要价值。它的出现标志着我国铁路机车制造开始走上自主发展的道路，为后续机车的研发和生产奠定了基础。

前进型蒸汽机车是中国第一种自行设计的干线货运机车，达到了世界蒸汽机车的先进水平。它具有轮周功率大、牵引性能好、省煤省水、司乘人员劳动条件好等优势，为我国铁路货物运输作出了巨大贡献。

胜利型蒸汽机车主要用于客运，其较高的运行速度和舒适的乘坐环境在一定程度上提升了我国铁路客运的服务质量。它的出现丰富了我国铁路机车的类型，为不同运输需求提供了更多选择。

团结型蒸汽机车构造速度相对较低，通常在 35 千米 / 时左右。一般为窄轨蒸汽机车，适用于特定的工矿企业或支线铁路，在一些特定区域的铁路运输中发挥了不可或缺的关键作用，尤其是在一些地形复杂、运输需求较小的地方，为当地的物资运输和人员流动提供了便利。

红旗型蒸汽机车采用了先进的设计技术，确保了机车的高效运行和强大的牵引力，同时也使其具备较好的灵活性。通常为窄轨机车，在一些特定的窄轨铁路系统中运行，为特定的工矿企业、林场等提供了有效的运输手段，见证了我国特定领域的铁路发展历程。

这些由我国自行生产的蒸汽机车，在各个历史时期，为我国的铁路运输事业作出了不可磨灭的贡献。它们不仅是交通工具，更是我国工业发展的见证者，承载着我国铁路建设的历史记忆。

蒸汽机车"三兄弟"

在蒸汽机车奔驰的岁月里，司机、副司机和司炉共同组成了一个特殊的团队。

司机作为整个团队的核心，肩负着把控全局的重任。他需要时刻保持高度的警觉，敏锐地观察路况，精准地操控机车。他的每一个决策都关乎着全车乘客的安全和货物的顺利运输，他的双手仿佛掌握着一条钢铁巨龙的命运走向。

副司机是司机的得力助手，他协助司机完成各项操作，密切关注机车的运行状态。他要时刻准备应对各种突发情况，提供准确的信息和建议，与司机默契配合，确保机车在轨道上稳定前行。

司炉虽然看似处于辅助的位置，但他的工作同样至关重要。司炉要不断地将煤炭投入炉膛，以维持蒸汽机车的动力。那熊熊燃烧的炉火，正是他辛勤劳动的见证。他不仅需要具备强壮的体力，还需要掌握精准的添煤技巧，以确保蒸汽压力的稳定。

在铁路机务段，一般习惯称司机为大车，副司机为二车，司炉为小烧。三个人各司其职，成为一个紧密协作的整体。他们身着沾满油污被戏称为"油包"的工装，整日与这庞大的钢铁巨无霸为伴。在漫长的旅程中，他们在狭小的驾驶室里，相互依靠、相互支持，共同面对风雨和挑战。每一次的加速、减速，每一次的弯道通过，都凝聚着他们的智慧和汗水。

他们的工作环境十分艰苦。冬天里，驾驶室寒风刺骨，仿佛能穿透人的骨髓；夏日中，又炙热难当，使人犹如置身于蒸笼之中。但就是在这样艰苦的条件下，他们却依然保持着乐观的态度，戏称自己是"离地三尺活神仙"。

他们职责分明，却又亲如兄弟。无论是面对漫长的行程，还是突发的状况，他们始终形影不离，配合默契得如同一人。他们有一句口头禅："水满汽足，多拉快跑，安全正点。"这不仅仅是一句简单的话语，更是他们对工作的承诺与责任。

蒸汽机车呼啸而过，留下的不仅仅是滚滚浓烟和轰鸣声，还有三兄弟团结协作的精神和吃苦耐劳的毅力。尽管蒸汽机车已退出历史舞台，但这"三兄弟"的故事却永远留在了人们的记忆中。他们用自己的坚韧、团结和乐观，书写了一段属于蒸汽机车时代的传奇。

机车水鹤

　　过去人们经常可以看到，在一些铁路车站的轨道旁边，耸立着高大的机车上水装置。装置底部垂直固定在地面上，上部伸出横向的输水管，管子前端弯下来的做出水口。给水工可以拉动上面连接的铁链子左右旋转上水管，将出水口对准煤水车水箱。整个上水装置看起来像是一只昂头屹立的仙鹤，伸展着长长的脖子，眺望着远方，它也因此被称为"机车水鹤"。

　　蒸汽机车，顾名思义，是以水蒸气为动力，将蒸汽的热能转变为机械能。过去的蒸汽机车在运行中，需要用大量的水加热沸腾后产生的水蒸气做功，因而耗水量很大，需要及时补充。

　　除了在机务段及机务折返段可以上水以外，一些中间车站及区段车站也分别设有给水点。这些给水点配备了机车水鹤及机车给水工，同时还设有地沟，用于检查机车底部及清除煤灰。

　　将蒸汽机车中煤水车的水箱入口对准水鹤出水口的位置，绝对是个技术活儿。稍微有点儿偏差，就无法准确上水。这对机车司机的操作熟练度也有一定的考验。

　　随着铁路运输事业的不断发展、壮大，高科技、大功率的内燃机车、电力机车和动车组列车大量投入应用，蒸汽机车告别了历史舞台。为铁路运输事业作出过巨大贡献的机车给水工和与其多年朝夕相处的"好伙伴儿"——机车水鹤，圆满地完成了历史所赋予的神圣使命，也随之消失在人们的视野中。

修车人心系开车人

　　蒸汽机车时代，滚滚车轮，声声汽笛，演奏着钢铁运输线特有的旋律。但是许多人并不了解的是，在机务段还有这样一群默默奉献的人，他们为确保机车运行状态良好，保障运输生产任务顺利完成，同样付出了艰苦的劳动，他们就是机车检修工。

　　检修工人每天都在忙着蒸汽机车的检修工作，他们"擅长"加班加点不分昼夜地奋战在检修一线。蒸汽机车的检修严格遵循原铁道部颁发的964标准，修车人时刻心系开车人，认真执行"拆、检、修、装、验"的工作流程，严格落实"检修规程不走样"的修车制度。

　　一代又一代检修工人用他们的青春年华陪伴着每一台蒸汽机车，在工作中时刻坚守信念，保证交验出质量优良的机车，他们不仅要耗费体力检修机车大型部件，以及对机车轮对、摇连杆、机械传动装置等进行落地检修，还要顶着脏、累、热完成锅炉"内脏"大烟管、小烟管和过热管的焊修工作……

　　这些检修工人没有开车人那样风驰电掣的豪迈，却有着默默奉献的光荣。他们用自己的双手，为确保运输生产安全贡献着自己的力量。他们是蒸汽机车时代的幕后英雄。

蒸汽机车过冬防寒

北方地区的隆冬时节，严寒可能使蒸汽机车的各个部件变得脆弱，如管道易冻裂、机械传动部分可能因低温而卡顿。有效的防寒措施可以减少因寒冷天气导致的故障发生。因此，在入冬前必须做好机车过冬防寒保养工作。

过冬防寒还有助于延长蒸汽机车的使用寿命。寒冷的气候对金属等材料具有侵蚀性，若不加以防护，机车的车身、锅炉等关键部位会加速老化和损坏。精心进行防寒处理，可以降低恶劣天气对机车的损害，使蒸汽机车能够在更长的时间里发挥其作用，减少维修成本和资源浪费。

别了，老伙伴

自 1952 年 8 月 1 日，中国四方机车车辆厂成功仿制出我国第一台解放型"八一号"蒸汽机车，到 1988 年 12 月，大同机车车辆工厂生产出最后一台前进型 QJ7207 号蒸汽机车，中国便结束了干线蒸汽机车制造的历史。

如今，在中国，蒸汽机车已经淡出了历史舞台，我们铁路职工却依然常常回忆起与蒸汽机车有关的故事，那段日子令人沉醉，值得回味，那段日子有几代人奋斗的足迹，充满艰辛也满载快乐。

今朝，我们很难再见到那拉着震天响的汽笛，喷云吐雾，在原野上呼啸而过的蒸汽机车了，它已经完成了自己的历史使命，从我们的视野里消失了，但在蒸汽机车所存在的那段 200 多年的历史里，在时代的回声中，隐隐约约地还有着奔腾不息的旋律……

2002 年 3 月 18 日，沈阳铁路局的蒸汽机车全部退役。当吉林机务段建设型 8099 号机车完成最后一趟乘务，就要落火时，开了大半辈子蒸汽机车、年过半百的老司机心潮难平，感慨万千，目光深沉地望着朝夕相处的"老伙伴"，热泪止不住地流淌下来……

大安北蒸汽机车陈列馆

在吉林省大安市西北部，有一座承载着历史与记忆的神奇之地——大安北蒸汽机车陈列馆。

2011年，陈列馆成功创建，2021年，陈列馆以其震撼的规模和独特的魅力通过吉尼斯世界记录认证，成为"最大规模的蒸汽机车头展示"世界纪录的保持者。

踏入这片约2.16万平方米的土地，人们仿佛瞬间穿越时光隧道。这里存放着近80台来自东北24个机务段的退役蒸汽机车，它们如同一位位饱经沧桑的老者，静静诉说着过去的故事。

室外的机车群呈圆形布置，直径30米的机车转盘犹如时光的轴心，一台台黑红相间的蒸汽机车呈放射状排列，仿佛是一支随时准备出征的钢铁大军，场景无比壮观。它们在修旧如旧原则的精心修复下，重新焕发出往日的风采，每一处细节都饱含着岁月的痕迹和历史的温度。

除了令人惊叹的室外展览，还有一处充满故事性的室内展馆。在约100平方米的空间内，展示着蒸汽机车零部件，它们犹如机械的时代密码，等待着人们去解读；陈列着的历史文物与书籍，记录着蒸汽机车发展的点点滴滴；充满时代特色的老路服则承载着铁路工人的奋斗精神；机车包车组的典型事迹更是令人动容，仿佛能让我们跨越时代，看到先辈们在铁路上挥洒汗水的身影。

两种机车"交班"

随着国家的发展进步与国民经济的快速增长，运能与运力的矛盾日益显著，铁路牵引动力的更新改造成为必然趋势。

1983年是个具有特殊意义的年份，这一年，使用了70年的蒸汽机车老机务段迎来了崭新的篇章——内燃机车闪亮登场。然而，此时的蒸汽机车并未完全退出历史舞台，两种机车同时运行，仿佛有一场特殊的"交班"仪式正在悄然上演。

蒸汽机车作为曾经的"钢铁巨兽"，身躯庞大而威武，每一次的轰鸣都似乎在诉说着过去奔驰在铁路线上的辉煌岁月。而内燃机车，则以其高效、环保的优势，彰显出新时代的活力与激情。它的线条流畅，动力强劲，展现着科技的进步与未来的方向。

在这个转型时期，机务段的工作人员面临着新的挑战与机遇。他们既要熟悉蒸汽机车的操作与维护，

又要迅速掌握内燃机车的先进技术。两种机车的并存，让他们在传承与创新之间不断探索、不断寻找平衡。

1995 年 11 月 1 日，这是一个值得铭记的日子。机务段所担当的客运列车，全部换型为内燃机车牵引。这一刻，蒸汽机车正式完成了它的历史使命，将接力棒完全交到了内燃机车手中。这不仅仅是机车的换型，更是时代的跨越。

两种机车的"交班"，是铁路发展的一个缩影。它见证了国家从落后走向繁荣，从传统走向现代。如今，我们站在新时代的起点，回顾这段历史，心中充满感慨。那些曾经奔驰在铁路线上的蒸汽机车，将永远留在我们的记忆中；而内燃机车，则继续肩负着时代的重任，驶向更加美好的未来。

在未来的日子里，铁路必将迎来更多的变革与创新。但无论如何，这段两种机车"交班"的历史，都将成为我们宝贵的财富，激励着我们不断前行。

内燃机车：时代的接力与变革

在铁路发展的漫长历程中，一场意义深远的变革悄然发生。曾经，蒸汽机车雄踞铁路舞台，那升腾的蒸汽和响亮的汽笛声，是一个时代独特的记忆。然而，随着科技的进步，蒸汽机车逐渐退出铁路舞台，接力棒被传递给了内燃机车。

内燃机车的发明，宛如一颗璀璨的星辰，照亮了铁路发展的新征程，开启了机车的内燃时代。这无疑是一场空前的革命，其带来的影响深远而广泛。

牵引动力方面，内燃机车展现出了卓越的性能。相比蒸汽机车，它的动力更加强劲，能够轻松应对各种复杂的运输任务，无论是在崇山峻岭之间，还是在广袤的平原之上，它都能稳健地牵引着长长的列车前行。这极大地提升了铁路的运输效率，确保了货物和旅客能够更加快速、安全地到达目的地。

机车工作人员的劳动条件因内燃机车的出现而得到了显著改善。蒸汽机车的工作环境往往充满了高温、高压和噪声，工作人员需要承受巨大的工作压力。而内燃机车的操作环境更加舒适，减少了工作人员的劳动强度，让他们能够在相对良好的条件下进行工作。

内燃机车在环保方面也具有显著的优势。它噪声小，不会像蒸汽机车那样发出震耳欲聋的轰鸣声，为沿线居民提供了更加宁静的生活环境；气体排放量也相对较少，减少了对空气的污染，有利于保护生态环境。

内燃机车的出现，是铁路发展史上的一座重要里程碑。它接过了蒸汽机车的接力棒，以其强大的动力、优越的性能，推动着铁路事业不断向前发展。它是人类智慧的结晶，也将继续在时代的浪潮中书写属于自己的辉煌篇章，引领铁路运输迈向更加美好的明天。

我国自行研制的内燃机车

我国内燃机车的发展历程充满了创新与突破，众多自行研制的内燃机车型号见证了我国铁路技术的不断进步。

东风4型内燃机车在中国铁路史上具有重要意义。它的出现标志着中国内燃机车技术的成熟，大量投入使用后，极大地提高了中国铁路的运输能力和效率，为中国经济的快速发展提供了有力的支持。

东风8B型内燃机车是东风4型内燃机车的升级版。东风8B型内燃机车的出现，适应了中国铁路货运量不断增长的需求，在中国的能源运输、物资流通等方面起到了关键作用。它的大功率和重载能力，显著提高了铁路运输的效率和效益，同时有效降低了运输成本。

和谐N5型内燃机车代表了中国内燃机车技术的新高度，它的出现推动了中国铁路机车技术的升级换代，在节能环保方面也具有显著优势，符合现代铁路发展需求，为中国铁路的可持续发展作出了贡献。

我国自行生产的内燃机车在不同历史时期，为中国的铁路运输事业贡献了各自的力量。它们的不断发展和进步，体现了中国铁路技术的创新能力和制造水平在持续提升，为中国经济的快速发展和社会的全面进步提供了坚实的基础。

电力机车——牵引动力的崭新飞跃

在现代铁路运输的宏大画卷中，电力机车宛如一颗闪耀的明星，以其卓越的性能引领着牵引动力的新飞跃。

电力机车具有一系列令人瞩目的优点，首推便是其强大的功率。这种强大的功率赋予了它足够的动力，无论是满载的货物还是众多的旅客，都能在它的牵引下稳步前行。

热效率高也是电力机车的一大特色，它能够将电能高效地转化为机械能，极大地减少了能源的浪费，让每一分能量都能发挥出最大的作用。

速度快是电力机车带给人们最直观的感受之一。在铁轨之上，它风驰电掣般地行驶，缩短了城市之间的距离，让人们的出行和货物的运输变得更加快速高效。

运载能力强这一优点更是让它在铁路运输领域中占据着重要地位，它能够满足不同规模的运输需求，为经济的发展和社会的进步提供了坚实的保障。

值得一提的是，电力机车实现了零排放，在运行过程中不会排放任何污染物，对于保护生态环境具有至关重要的意义，这一特性使其特别适用于运输繁忙的干线。在这些铁路干线上，它日夜不停地穿梭，却不会给周边的环境带来丝毫的负担。

除此之外，电力机车凭借着先进的技术和精密的设计，能够在各种复杂的环境和条件下保持稳定的运行。对于隧道多、坡度大的山区铁路，电力机车同样表现出色，它的强大动力和可靠性能，能够轻松应对山区复杂的地形条件，让山区与外界的联系更加紧密。

沈阳铁路局所辖的秦沈客运专线便是电力机车大显身手的舞台之一。全长 405 千米 / 时的秦沈客运专线，是一条以客运为主的复线电气化铁路。在这里，电力机车充分发挥自身的优势，以其高速、稳定、环保的特点，为旅客们带来了舒适便捷的出行体验。秦沈客运专线不仅是一条连接城市的交通要道，更是中国铁路步入高速化的起点。

我国自行研制的电力机车

电力机车是铁路运输的重要牵引动力，我国科研人员经过不断努力、创新，在其研发领域取得了显著成就，众多自行研制的电力机车型号展现了我国铁路技术的不断进步与更迭。

韶山1型电力机车是中国铁路第一代国产客、货两用干线电力机车，它的诞生标志着中国铁路电力机车实现了从无到有的突破，为中国铁路电气化事业奠定了基础。

韶山3型电力机车是中国铁路第二代主型电力机车，主要用于货运方面，它的出现进一步提高了中国铁路的运输能力和电气化水平，为经济建设和人员流动提供了可靠的运输保障。

和谐1型电力机车代表了中国电力机车技术的新水平，它适应了我国铁路重载运输的需求，具有较高的运输效率和稳定性，它的投入使用推动了中国铁路运输的现代化进程。

不同时期的电力机车，有着不同的性能和运载能力，相同的是它们都有着各自的时代使命，在不同的历史阶段发挥着同样关键的作用。而不断升级换代的电力机车，也彰显了中国铁路技术的强大实力和发展潜力。

和谐号——中国高铁的闪耀之星

和谐号高铁动车，这一具有划时代意义的铁路运输工具的出现，是中国铁路现代化进程中的重要转换点。它以先进的技术和卓越的性能，向世界展示着中国铁路的强大实力。

风驰电掣般的行驶速度，让城市之间的距离不再遥远。曾经需要花费数十小时甚至数天的旅程，如今在和谐号的疾驰下，大大缩短了时间。无论是商务出行还是旅游度假，人们都能乘坐和谐号更加省时地到达目的地，为生活和工作带来了极大的便利。

在舒适程度上，和谐号也表现得极为出色。宽敞整洁的车厢，布局合理的座位，为乘客提供了舒适的乘车环境。柔软的座椅可以根据乘客的需求调整靠背倾斜角度，让长途旅行不再疲惫；车厢内的空调系统能够保持适宜的温度和湿度，让乘客一年四季都能享受到惬意的乘车体验。

即使在高速行驶的情况下，列车依然能保持平稳，几乎让人察觉不到晃动和颠簸。这得益于其先进的悬挂系统和精密的轨道设计，它们共同确保了列车的平稳性和安全性，让乘客能够安心地享受旅途。

和谐号高铁动车，不仅连接了城市与城市，更促进了人与人之间的情感互动。它让人们的出行更加便捷，让地域之间的经济文化交流更加紧密。它是中国铁路发展的杰出代表，也是中国科技进步的生动体现。

它适应了我国铁路重载运输的需求。在未来的日子里，和谐号将继续肩负重要的使命，为中国的经济发展和社会进步注入新的活力，步履不停地在祖国的大地上绘制属于自己的精彩画卷。

复兴号——中国速度的象征

在广袤的中华大地上，一列列疾驰的复兴号动车组列车如钢铁巨龙般奔腾不息，它们以无与伦比的速度、先进的科技和卓越的性能，成为中国铁路发展史上的璀璨明珠。

"复兴号"这个名字凝聚着中国智慧与力量，代表着它自诞生之日起就肩负着重要的使命，承载着人们对中国铁路技术繁荣复兴的期望。它由中国铁路总公司牵头研制，拥有完全自主知识产权，是中国铁路科技创新的杰出代表。其以每小时 350 千米 / 时的运行速度，将城市与城市之间的距离瞬间拉近，仿佛天涯也变为咫尺。从北京到上海，原本漫长的旅程如今只需 4 个多小时，朝发夕至已不再是梦想。

与以往的列车相比，复兴号在节能方面表现更为出色。总能耗比和谐号 380 型下降 10%，这一数据的背后，是无数科研人员夜以继日的努力和对节能环保的执着追求。在这个倡导绿色发展的时代，复兴号无疑走在了前列。

当坐上复兴号列车，我们立刻就能感受到它的人性化设计。全车覆盖的 Wi-Fi（无线网络）信号，让旅客在旅途中也能随时与世界保持联系；每节车厢可以承载 80 至 120 部移动终端，满足了众多旅客的上网需求。平均每两个座位就设有一个充电插座，再也不用担心旅途中电子设备电量不足的问题；宽敞的座位舒适宜人，仿佛是移动的温馨家园；卫生间干净整洁，处处彰显着对旅客的关怀。

复兴号还开通了座席信息显示功能，让旅客能够一目了然地了解座位的相关信息，极大地提高了选座乘车的便利性。列车设计运行年限 30 年，充分体现了其坚固耐用的品质。

机车驾驶室的变迁

　　机车的驾驶室通常是一个封闭且带有窗户的小房间，位于火车前部，室内配备多种仪表和控制器，用于调节火车的速度、方向，以及实现其他功能。驾驶员坐在驾驶室内，通过观察窗外的情况和监控仪表盘来驾驶火车。

　　老式机车驾驶室的空间狭小，面积通常不足6平方米，除了正副驾驶座椅外，几乎没有其他空间。在这种局促的空间里，噪声大、气味难闻，需要大声说话才能互相听得见，增加了沟通的难度。此外，蒸汽机车的驾驶室不在正前方，司机和副司机要保持视野清晰，就不得不开窗向外探头瞭望，长期暴露于风霜雨雪之中，工作异常辛苦。

041

第二篇
岁月如歌

渐行渐远的岁月宛如一首高亢激昂的进行曲。它是创业者的拼搏旋律，是奉献者的无私乐章，是劳动者的丰收凯歌。我们聆听着这首岁月之歌，感受着奋斗的力量，畅享着收获的喜悦。

半自动闭塞机

在 20 世纪 80 年代的铁路线上，许多小站都广泛采用 6502 半自动闭塞机。在那个时期，它作为先进设备，肩负着完成闭塞手续并控制出站信号机显示的重任。

半自动闭塞机，这个用于铁路信号控制的关键设备，在保障铁路行车安全方面，筑起了一道坚实的防线。它通过精确的控制和严谨的信号传递，确保列车在轨道上安全行驶，避免了潜在的碰撞风险。同时，在提高运输效率方面，它也发挥了重要作用，有条不紊地协调着列车的进出站，让铁路运输更加高效有序。

6502 半自动闭塞机是中国铁路特定历史时期的重要见证者。它的出现和应用，标志着中国铁路信号技术的不断发展和进步。

然而，随着科技的飞速发展，半自动闭塞机逐渐退出了历史舞台，被更加先进的自动闭塞系统所取代，但它的功绩却永远不会被遗忘。它是铁路发展道路上的一座里程碑，为后来的技术进步奠定了坚实的基础。

昔日扳道员

在记忆深处，火车站有这样一群身影，他们从事着看似不起眼却责任重大的工作，他们就是扳道员。

扳道员的职责是在铁路道岔处，根据列车运行的需要，精准地手动操作道岔转换装置，确保列车能够顺利地驶向正确的轨道。这个看似简单的动作，却关系着铁路运输的安全与顺畅。

每一次扳动道岔，都代表着扳道员对职责的坚守与对安全的承诺。他们必须时刻保持警惕，不能有丝毫的疏忽。因为哪怕是一个小小的失误，都有可能引发列车脱轨等严重事故。他们如同铁路安全的一道坚固防线，用自己的专注和细心，默默守护着每一趟列车的平安运行。

露天的工作环境，是扳道员们的日常战场。无论天气多么恶劣，他们都始终坚守在岗位上。无论工作多么枯燥和辛苦，他们也从未有过一丝怨言。

随着铁路技术的不断发展进步，道岔的转换已经全部实现了自动化。昔日的扳道员们渐渐淡出了人们的视线，但他们为铁路事业所作出的贡献却永远值得我们铭记。

不可小看的铁路道岔

简单来讲，铁路道岔是列车的"转向器"，它能使机车车辆从一条轨道转入另一条轨道，进而实现不同线路之间的相互连接。铁路道岔是铁路运输系统中不可或缺的组成部分，它直接关系着铁路运输的效率和安全。

道岔由一组基本构件组成，包括辙叉、护轨、尖轨、轮缘槽、转辙器等。其中，转辙器是道岔的核心部件，它通过控制尖轨的位置来改变道岔的开通方向，使列车能够转换轨道。辙叉及护轨则共同作用，确保列车车轮安全、平稳地通过两股轨线交叉处。

道路中有中断的空隙，使列车存在脱轨的风险，它被称为有害空间，是影响列车过岔速度的一个重要因素。为了适应列车高速运行的需求，国内外都研制了各种类型的活动心轨道岔，以消除有害空间，提高行车平稳性，放宽直向过岔的速度限制。

电话总机接线员

电话通信是铁路运输每时每刻都离不开的"顺风耳"。在铁路发展的漫长历程中,电话通信系统扮演着重要的角色。

几十年前,铁路全部使用手摇电话机。人们需要通过总机接线叫号,当电话拨通后,便能听到总机接线员那亲切的声音:"您好,请问要哪里?"随后,经过短暂等待,线路接通,双方就可以开始正常通话了。然而,这看似简单的过程背后却离不开接线员们高度紧张且繁忙的工作。她们必须时刻保持专注,确保每一次的转接都准确无误,因为任何一个小小的失误都可能影响到铁路运行的高效沟通。

时间流转到20世纪80年代后期,科技的进步推动了有线通信的飞速发展。新的技术使得用户之间能够直接拨号沟通,无须再通过接线员转接。这一变革无疑是巨大的,它让通信变得更加便捷、高效。而曾经忙碌在电话总机旁的接线员们,随着科技进步也逐渐退出了历史舞台。

从依赖人工接线到实现直接拨号,这看似只是通信方式的一次简单改变,实则凝聚了人类的智慧,体现了人们对美好生活的不懈追求。铁路电话通信的变迁,不仅是技术革新的直接体现,更是时代发展的鲜明见证。它让我们看到了科技的力量如何推动社会不断向前。

古董火车的往昔

你坐过这样的火车吗？当看到这样的古董火车时，仿佛瞬间被带回到了过去的时光。

这是日伪时期遗留下来的客车，它满载着岁月的沧桑和历史的痕迹。车厢内部的装饰和设施尽显陈旧，木质的座椅和地板散发着古朴的气息。过道和乘坐空间都相对狭窄，让人不禁想起那个时代的嘈杂与拥挤。而在冬季车厢内还得烧火炉取暖，更是透露出那个时代的独特风貌。它曾搭载着无数的旅人，在铁轨上缓缓前行，见证了人们的来来往往，也记录了时光的流逝。

这种古董式车厢一直延续使用到二十世纪七八十年代，主要在短途和慢车线路中发挥着作用。由于减震效果不好，车厢在运行中颠簸晃动得很厉害，因此被人们亲切地称为"小蹦跶"。

随着市场经济的竞争加剧和交通运输的不断发展，短途列车逐渐被取消，这趟古董火车也停止了运行，正式退出了历史舞台。如今，我们只能在陈列馆中见到它的身影。虽然它不再奔驰于铁轨之上，但它所承载的历史价值和意义却永远熠熠生辉。它让我们铭记那段特殊的岁月，也让我们感慨时代的变迁与发展。

列车医生：检车员

当列车缓缓驶入站台，刚刚停稳，身着工作服的检车员便迅速行动起来。他们手持检点锤，沿着列车的身躯，一节一节地仔细查看，时而俯身查看车底的零部件，时而轻敲车轮，倾听那清脆的声音，判断是否存在隐患。检点锤仿佛就是他们的听诊器，让他们能够听出列车的各种问题。他们眼神专注，步伐坚定，对列车进行着细致入微的检查。

他们凭借手中的检点锤和丰富的经验，仔细检查列车的各个关键部位，不放过任何细微的异常声响和潜在问题。他们被亲切地称为"列车医生"。每一次敲击，都是他们对列车健康的一次问诊；每一个动作，都饱含着他们对安全的执着追求。

检车员的工作看似简单，实则需要他们具备高度的责任心和精湛的技艺。他们通过这种看似传统却十分有效的方式，能够及时排查出可能影响列车安全运行的隐患，为乘客的出行安全提供了坚实的保障。

他们是列车安全运行的幕后英雄。因为有了他们，乘客们才能安心地踏上旅途；因为有了他们，铁路运输才能持续稳定地运行。他们用自己的专业技术和敬业精神，为列车的健康保驾护航。

闪亮的信号灯

在铁路运输领域，信号系统的持续发展和完善至关重要。

自二十世纪八十年代中后期开始，铁路信号由壁板信号全面改为射灯信号，这一变革带来了诸多显著的优势。

射灯信号具有极高的可视性。射灯明亮而清晰的光束，能够在各种环境条件下——无论是白天的强烈阳光还是夜晚的昏暗环境——都确保机车司机可以轻松、准确地捕捉并识别信号指示。这显著提高了信号传达的有效性和可靠性，减少了因视线不清而导致误判的风险。

通过不同颜色和状态的灯束组合，射灯信号能够简洁明了地传达停车、启动、慢行等各种指令，让司机能够迅速做出正确反应，保障列车运行的秩序和安全。

射灯信号可以根据不同的铁路线路和运行需求进行灵活调整和设置，以满足各种复杂情况下的信号指示要求。

相比于传统的壁板信号，射灯信号受外界环境因素的影响较小，能够长时间稳定地工作，降低了故障发生的概率，为铁路运输的顺畅运行提供了坚实保障。

此外，射灯信号的出现也推动了铁路信号系统的智能化发展。它可以与先进的监控和控制系统相结合，实现更高效、更智能的铁路运营管理。

有故事的巡道工

巡道工，是一类几乎完全依赖"行走"的工种。这份工作看似简单平凡，只需每天重复走在相同的路线上，枯燥且乏味，但事实上，他们的责任重于泰山。一条条钢铁大动脉的安全畅通，离不开他们辛勤的努力与无私的奉献，他们也因此被誉为铁路线上的"守护神"。

这是一个有担当、有故事的职业。无论是炎夏还是寒冬，他们都会风雨无阻地出现在铁路线上，一步步仔细地检查着轨道的状况，不放过任何一个细微的裂缝或松动。他们深知，哪怕是一个小小的隐患，都可能给列车带来巨大的灾难。

过去的岁月里，巡道工们多次上演了保护列车安全的动人故事，他们凭借着自己的细心与专业，一次次排查线路故障，一次次化险为夷。每一次的发现，都避免了一场潜在的灾难；每一次的排除，都为铁路的安全运行增添了一份保障。

在中国绵延数万千米的铁路线上，有无数默默奉献的巡道工！他们或许从未站在聚光灯下，也从未收获过鲜花与掌声，甚至鲜为人知，但他们留下了一串串坚实而闪光的足迹……

桥梁看守工

在这张拍摄于 20 世纪 70 年代的老照片中，铁路桥梁看守工挺拔地站立着，正庄重地迎接列车通过大桥。

他们肩负重任，需要频繁检查桥梁设备情况，不放过任何一丝隐患，只为确保每一趟列车都能够安全地通过。无论是烈日炎炎还是狂风暴雨，他们始终如一地履行着自己的使命。

他们是铁路桥梁安全运行的守护者，用坚守和责任为无数旅客的出行保驾护航。他们与桥梁为伴，与铁路线相守，用辛勤付出换来了一趟趟列车的平稳通过。

然而，随着时代的发展，这个职业逐渐被取消，最终成为了历史。如今或许鲜有人还记得这些曾经的铁路桥梁看守工，但他们所作出的贡献却永远不应被遗忘。他们是特定时代的见证者，是铁路发展历程中至关重要的一部分。

铁路平交道口

铁路平交道口有着悠久的历史。在铁路发展的早期，平交道口是一种常见的铁路与道路的交叉形式。

在历史进程中，平交道口对于推动地区间的交流和经济发展起到了重要作用。它使得货物和人员能够较为便捷地在铁路与其他道路之间转换，从而促进了区域的繁荣。

铁路的平交道口是历史的产物，也必然随着时代的发展成为新的历史。经过铁路的六次大提速改造，大多数平交道口已被取缔。然而，在一些老旧的铁路线路及地区，平交道口仍然存在。因此，铁路部门和相关管理机构持续加强对平交道口的管理和维护，采取更为严格的安全措施，以减少事故的发生。

运转车长与守车

　　右图中正在指挥发车的人是货物列车上的重要人物——运转车长。这个动作，是他的标志性动作：告知机车乘务员，列车已具备安全发车条件，指令出发。

　　20 世纪 80 年代以前，每一趟列车都配有运转车长。运转车长在出乘时要对货物装载情况、车辆制动设施等进行检查，还要负责列车编组顺序和货票的保管，同时需要填记司机报单，并与司机确认列车牵引吨数。在列车运行中，运转车长还要负责监视列车运行情况，遇到危及行车安全的情况采取制动措施。

　　守车，是挂在货物列车尾部供运转车长乘坐的工作车厢，运转车长在此处瞭望车辆及协助刹车。守车十分简陋，仅为一节铁皮车厢，内部两侧用铁条焊着两张供运转车长使用的铁椅子，没有一个铁炉子供车长冬天取暖。

▲ 正在指挥发车的转运车长

春运故事

　　每年进入腊月不久，在外奔波的人们便陆续踏上了回乡的旅途，各大交通运输线路因此变得尤为繁忙，这种情形会一直持续到正月十五返程大潮之后，这就是"春运"。中国的春运，被世人称为"人类规模最大的周期性迁徙"。

　　从 1954 年到 2024 年，中国春运 70 年，春运人数从 2300 万人次增至 90 亿人次。一年又一年，承载着平凡的人们全年的辛劳、旅途的不易和回家的喜悦。

　　从绿皮火车到复兴号，从泡面、咸菜到高铁外卖，从通宵排队购票到定时定点在网络抢票，从"摩托大军"到自驾新能源车……70 年来，春运的出行人数猛增，出行方式也发生了巨变，但不变的是回家的方向，是对阖家团圆的期待与向往。

小站慢车

铁路慢车通常指的是普通旅客列车中速度相对较慢、停靠站点较多的列车。其运行速度一般低于快速列车和特快列车。由于慢车在小站也会停靠，极大地方便了偏远地区和小站点周边居民的出行，为当地居民提供了与外界联系的重要通道。慢车的票价通常比较便宜，对于经济条件有限的旅客或是追求性价比的出行者来说，也是一个不错的选择。

虽然慢车在速度上不占优势，但它在满足特定人群的出行需求、促进区域协调发展等方面发挥着不可替代的作用。

小站慢车是我国铁路初期的运营方式之一，在历史上发挥了重要作用。但是近年来，随着公路网的日益发达，运输市场格局发生变化，小站慢车逐渐暴露出诸多弊端，难以适应新的需求。面对短途客流被公铁分流的新形势，全国铁路系统重新调整了生产力布局，一大批小站和慢车被撤销，成为历史的记忆。

一票难求

　　曾几何时，"一票难求"困扰着无数渴望出行的人。每逢春运和暑运，那场面既壮观又令人无奈。所有车次都爆满，网上预订系统一经开启，车票便被一抢而空；售票窗口前，人们彻夜排队，满怀期待地等候，却常常失望而归。那种焦急、失落与渴望交织的复杂情绪，萦绕在每一个为车票奔波的人心中，"一票难求"的慨叹声此起彼伏。

　　不过，进入高铁时代后，运能与运量的矛盾逐渐得到了有效解决。车次不断增多，速度持续提升，舒适的乘车环境让人们的出行体验发生了翻天覆地的变化。如今，人们不再需要为一张车票而焦虑不安，也不再需要经历漫长的等待和无尽的失望。"一票难求"已然成了过去时。

　　可以预见，随着铁路建设的不断推进和科技的持续创新，这一曾经困扰人们的难题终将被彻底解决。未来，出行将变得更加便捷、高效，人们可以轻松地规划自己的旅程，不再被车票所束缚。

铁路电报

电报，作为世界上最早的即时通信方式之一，在电话尚未普及的年代发挥了巨大作用。然而，随着现代通信技术的发展，电传机、发报机都成为历史遗物，报务员这个职业也逐渐淡出人们的记忆。

尽管如此，在铁路系统中，电报依然保留并发挥着重要作用。可以说它既是凭证，又是指令。

对于早期的铁路系统，电报不仅是生活中的一种通信手段，更是不可或缺的重要工具，它承担着铁路运输调度指挥信息的传送职能。各种信息都需要通过电报进行远程传送，随后再依靠人工投递的方式，实现信息的流通。

20 世纪 80 年代，铁路电报使用的还是摩尔斯电码。当时使用的发报机类似于电视剧中展示的那种密码机。直至 20 世纪 90 年代，摩尔斯电码彻底退出铁路舞台，取而代之的是更为先进的四位数汉字电报码和电传机。

随着科技的不断进步，"四码一电"的时代一去不复返，现代输入法的多样性使报务员不用再死记硬背烦琐的汉字代码，很大程度上减轻了报务员的负担。

如今，所有的铁路部门都实现了内部宽带网络覆盖，路局内部的电报可以通过内部公文系统发送。远距离通信也逐渐由以前的载波通信转变为大容量光纤传输。

"支前"模范

　　这张照片拍摄于 1978 年夏。舒兰铁路公寓的服务员来到火车站，为正在调车作业的新站机务段建设型 5566 号机车乘务员送来了午饭。

　　为了"多拉快跑"，当时的机车交路安排得相当紧凑。乘务员的劳动强度很大。他们每天负责新站到吉林或图们的客车牵引任务。回来后还要套跑"小运转"，承担新站到舒兰的货物列车调车作业。

　　这个镜头捕捉的是他们跑"小运转"到达舒兰站后的情形，他们紧接着还要进行一个多小时的调车作业。乘务员根本抽不出时间到公寓吃午饭，公寓食堂服务人员想运输一线所想，帮运输一线所需，将午饭送到了机车上。

　　那时候人们生活条件艰苦，乘务员吃的伙食也很差，是名副其实的粗茶淡饭。因为按照供应标准，每人每月只有四公斤细粮，大部分是粗粮。送的饭盒里有时只有一个玉米面窝头和少量的大米饭。副食品种也少，冬天只有土豆、白菜和大萝卜"老三样"，能吃上一顿豆腐，就算"改善"了。寒冬季节，送饭的人会把饭盒包在大衣里，抱在怀中，送到机车上时，饭菜还冒着热气。

　　作为后勤保障单位，那时公寓提出的口号是"后勤保前勤，服务到一线"。他们为运输生产服务的意识很强，对服务质量的要求也很高。

铁路公寓

　　铁路公寓是直接服务于运输生产一线的后勤单位。公寓的职责清晰而关键，主要为机车司机和列车乘务人员提供住宿与餐饮服务，并确保他们能够准时到岗。这看似简单的任务，背后凝聚了无数工作人员的辛勤努力。

　　在住宿方面，公寓为奔波劳累的工作人员提供了一个温馨舒适的休息场所，让他们在忙碌的工作间隙能够得到充分的放松和恢复。

　　而餐饮服务更是公寓工作的重中之重。在极端天气条件，如高寒的情况下，公寓服务员们依旧不畏严寒，毅然踏上送餐之路。在夜间，当大多数人沉浸在梦乡中时，公寓的服务员们仍坚守岗位。他们要确保司机与乘务人员在短暂的停车时间内也能够吃到热食，及时补充能量。

　　为了让乘务人员吃得可口、满意、健康，公寓的工作人员可谓是绞尽脑汁。他们千方百计地变换饭菜的花样品种，从营养的均衡搭配到口味的精心调制，每一个细节都倾注了他们的心血。

　　曾经令人头疼的"众口难调"，在他们的努力下变成了"众口能调"。他们用自己的辛勤与汗水，赢得了乘务人员的交口称赞，铁路公寓也被誉为"乘务员之家"。

绿皮火车 昔日美景

顺着时光的长河中回溯到1986年，一个绝美的画面被永恒定格。那是一列行驶在烟（筒山）桦（甸）铁路线上的旅客列车。

旭日初升，金色的光芒洒向大地，为这趟由蒸汽机车牵引的绿皮火车披上了一层梦幻般的光彩。火车在群山中蜿蜒穿行，宛如一条灵动的钢铁长龙。车头喷吐着滚滚白烟，与晨曦交融，那是工业之美与自然之美的奇妙碰撞。

大桥下面，湖水如镜如玉，倒映着天空与山峦，如同一幅天然的山水画。远处群山逶迤，山间雾气缭绕，似仙似幻。在这样的美景中穿梭，仿佛是在时光隧道中悠然漫步。

这不仅仅是一个简单的风光画面，更是一个时代的记忆。在那个年代，绿皮火车承载着无数人的梦想与希望，它的每一次启程与抵达，都伴随着人们的欢笑与泪水。它是那个时代的印记，见证了岁月的变迁与社会的发展。

曾几何时，绿皮火车的客运量，居全国交通运输工具之首，这是毋庸置疑的。绿皮火车为人们的出行和社会的发展作出了巨大贡献。在过去的日子里，以沉稳而坚定的步伐连接着各个城市和乡村。

在绿皮火车上，你能看到各种不同身份、不同背景的人汇聚在一起。返乡的游子行囊中盛满了对家乡的思念和对亲人的期盼；出门闯荡的年轻人眼中满是对未来的憧憬和向往；结伴而行的旅人一路上分享着彼此的故事和欢乐……

绿皮火车是一个流动的人间剧场，那略显拥挤的车厢，那嘈杂却充满活力的氛围，都是人间烟火气最生动的体现。这里仿佛上演了无数普通人的生活片段，也为旅途增添了别样的温暖与乐趣。

尽管如今高铁等现代化交通工具飞速发展，绿皮车依然有着不可替代的意义。它是铁路历史的一部分，是一个时代的象征。

"东半球" 的烟火气

　　1980年，原吉林铁路分局成立了蛟河铁路地区（原名为蛟河中心站）。地区内涵盖了机务、车务、工务、电务、车辆等运输一线单位，并设有医院、中小学和后勤单位，共有职工家属两万余人。

　　小县城里始终弥漫着浓厚的烟火气息，蛟河地区的铁路职工家属们也在努力创造着建设着属于自己的美好生活。1987年开始，蛟河地区对职工住宅进行了全面改造，新建了10栋住宅楼，改造了周边的道路，安装了路灯，新建起浴池、卫生所，改造了自来水，大大改善了职工的居住条件。铁路住宅小区也成为当地的一道亮丽的风景线，成为了铁路人的骄傲。

　　1992年，随着铁路生产力布局的调整，蛟河铁路地区被撤销。

繁忙的编组站

编组站，是列车重新进行解体和编组的核心场所。巨大的编组站内，铁轨纵横交错，犹如一张庞大的钢铁蛛网。一列列长长的列车缓缓驶入，等待着被重新塑造。

工作人员们忙碌的身影穿梭其中，他们各司其职，忙中有序。信号员精准地发出信号指令，确保每一次列车移动都安全无误；调车员熟练地操作，让每一节车厢都能精准地对接到指定位置。

当列车开始解体时，钢铁的碰撞声和机械的轰鸣声交织在一起，仿佛奏响了一曲雄浑的工业交响乐。车厢间的连接被逐一解开，如同被打散的拼图碎片，等待着被重新组合。

随后的编组过程更是充满了智慧和技巧。工作人员们根据运输计划和目的地，精心安排每一节车厢的顺序，让它们在新的组合中找到合适的位置。一节节车厢在铁轨上缓缓移动，逐渐汇聚成新的列车编队。

在这座庞大的编组站里，时间就是效率，每一个环节都容不得丝毫差错。这里的每一个人都深知自己肩负的责任重大，他们的专注、细心和努力确保了列车编组的顺畅和高效，为下一步的铁路运输奠定了良好的基础。

人民铁路为人民

　　在这张拍摄于 20 世纪六七十年代的照片中，火车站的工作人员正搀扶着一位年迈的老人。这样的场景在那个年代极为常见，它彰显着铁路客运人员对旅客的关怀与照顾，视旅客如亲人的理念从那时起便深深扎根于铁路工作人员心中。

　　从过去到现在，铁路客运服务始终如一。那些在车站里和列车上忙碌的身影，那些给予旅客温暖与帮助的瞬间，都是每个铁路客运人员责任与担当的体现，都是为了让旅客们在旅途中感受到家一般的温暖与安心。

　　在铁路客运服务中，这种视旅客为亲人、照顾重点旅客的精神将永远传承下去，激励着每一位铁路工作者为旅客提供更优质、更贴心的服务，让"人民铁路为人民"的精神永不褪色。

货场的承诺

　　铁路，被称为国民经济的大动脉，承载着国家经济发展的重要使命。在铁路运输领域，旅客运输和货物运输相辅相成，缺一不可，共同推动着铁路事业的发展。其中货物运输更是连接生产与消费的重要细节。

　　20 世纪七八十年代，公路网尚未完全形成，铁路运输宛如中流砥柱，毅然扛起了国内物流的绝大部分重任。在广袤的东北大地上，丰富的粮食堆积如山，珍贵的木材郁郁葱葱，优质的煤炭蕴藏丰厚，而这些大宗物资的外运，唯有依靠铁路这一坚实的运输通道。

　　在繁忙的货场中，起重机的轰鸣声此起彼伏，仿佛在演奏着一曲激昂的工业乐章。货箱堆积如山，叉车来回穿梭，货运职工们忙碌的身影点缀其中，共同交织成一幅充满活力的画卷。他们挥洒着汗水，用勤劳的双手和高度的责任感，确保每一批货物都能安全、准时地运往目的地。

标准化作业

早在 20 世纪 80 年代初期，铁路系统便以前瞻性的眼光开始全面推行各工种作业标准化，在铁路发展的宏伟画卷上落下了关键的一笔。

标准化作业明确的工作流程和标准清晰地指引铁路职工的工作方向，使其在工作中少走弯路，减少不必要的重复劳动和沟通成本。各个环节紧密衔接，如同精密的齿轮相互配合，使铁路运输这台庞大的机器高效运转。

规范的操作流程和安全标准，为人员和设备的安全提供了有力保障。从列车的调度运行到设备的维护检修，每一个步骤都严格遵循标准化规定，有效降低了事故风险。

从购票进站到乘车出行，每一个环节都有统一的服务标准和流程，每一个细节都体现着铁路人的专业与用心，贴心的关怀与优质的服务不仅提升了乘客的满意度，也增强了铁路服务的竞争力，使铁路在交通运输领域中始终占据着重要的地位。

2014 年 1 月 1 日，《铁路安全管理条例》经国务院正式批准施行，这是中国铁路行业标准化管理进程中的一座重要里程碑。它标志着中国铁路在标准化管理方面迈出了关键的一步，为铁路安全管理和运营提供了法律和标准上的坚实支撑。

架桥铺路 造福一方

这张照片拍摄于 1971 年，正是"九江线"开始兴建的年份。这条新线全长 25.7 千米 / 时，连接长图线新九站与江密峰站。它的建成使得长图铁路的货物列车能够避开吉林市区，选择一条更便捷的线路，极大地提高了吉林枢纽的运输能力。

然而，修建这条铁路并非易事，其中横跨松花江的大桥便是最大的施工难点。但是当年的筑路工人，凭借简陋的设备，战胜了重重困难，昼夜兼程，苦干实干，最终优质高效地完成了这一艰巨任务，为全线施工打下了坚实的基础。

铁路大桥采用老式的桁梁结构，每孔由两根梁并列形成桥面。这种设计如今已不再使用。当时需要的架桥机，在今天看来也算是老"古董"了。吊装前需要用数根钢缆将梁体捆绑，吊装到位后再拆下来。这种接近原始的施工方式，既麻烦又费时费力。

091

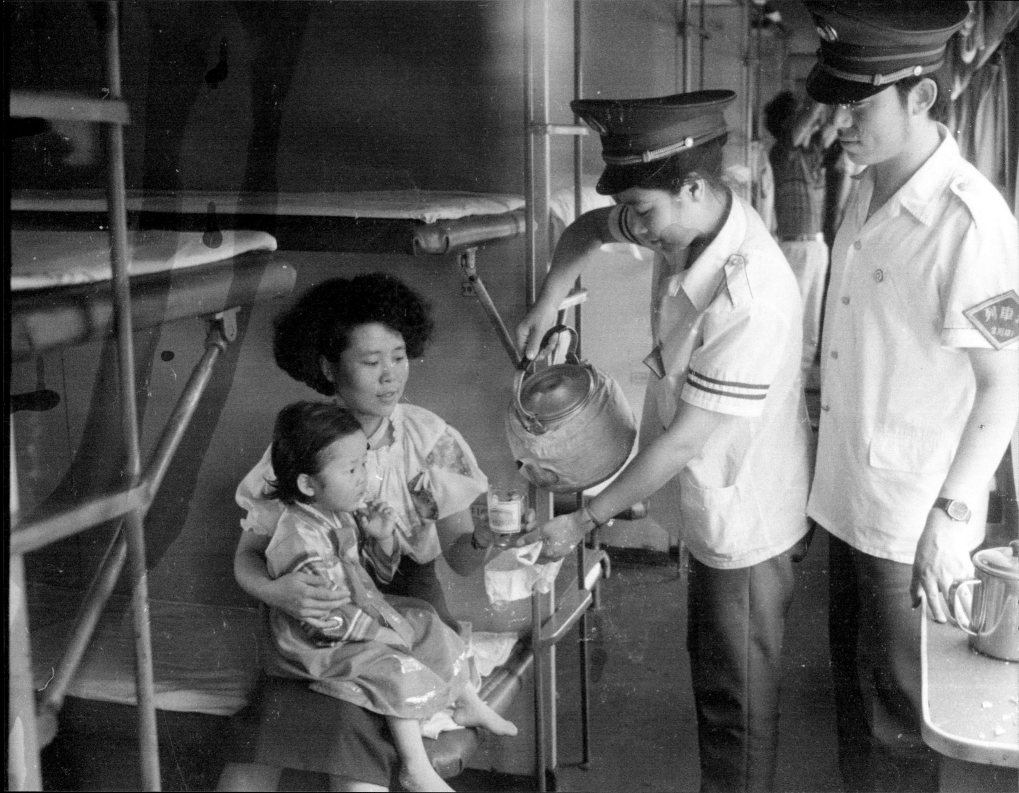

拎着水壶上班的乘务员

　　回溯到半个世纪前，每一位乘务员出乘前，身边总少不了一件特殊的备品——一把水壶。

　　那时旅客列车的每节车厢都有一名乘务员。乘务途中，给旅客送开水是一项重要的任务。列车上有专门的烧水工负责烧水，并将热水送到各节车厢的保温桶中。随后，乘务员便提着这把水壶，从保温桶中打好热水，穿梭在狭窄的过道中，小心翼翼地为旅客的水杯注满热水。

　　到了暑期，炎热的天气使得人们的饮水量大幅增加。乘务员们更加频繁地为旅客添水，他们不辞辛劳，往返于座位之间，确保旅客能随时补充水分。这一杯杯再寻常不过的水，蕴含着沉甸甸的责任和无微不至的关怀。那一把把水壶，仿佛是传递温暖的使者，连接着乘务员与旅客的心。

　　如今的列车早已更新换代。每节车厢都配备了饮水机和一次性纸杯，旅客们随时都能用上开水，旅途中的饮水难题已成为历史。乘务员们也不用再带着水壶去上班。但那一把把水壶却永远留在了人们的记忆深处，见证了一代又一代乘务员的辛勤付出。

铁道线上的"铺路石"——养路工

在铁路的岗位体系中，养路工无疑站在了最苦、最累、最脏的位置，少有岗位可与之相比。

当年的养路工是不折不扣的重体力劳动者。他们需要搬运几百公斤重的轨枕、几吨重的钢轨，在那个技术落后的年代，全靠他们用肩膀扛，用双手抬。他们手中的劳动工具极其简陋，仅仅是一把大头镐、一根撬棍、一柄铁锹。他们日复一日地在野外作业，汗水浇湿土地，雨水淋湿身躯。"晴天一身汗，雨天一身泥"，这句话生动而真实地描绘出了养路工的工作状态。

养路工的作业时间有着严格的规定。他们必须在列车行驶的间隙内，保质保量地完成起道、拨道、清筛、回填等一系列艰巨任务。无论遇到任何困难，都绝对不能影响列车的正点运行。

养路工作看似普通，却意义重大。他们承担着数万公里铁路的养护维修重任，他们用坚守和奉献诠释了责任与担当，他们就像铁道线上的"铺路石"，默默无闻却又不可或缺。他们用平凡铸就了伟大，用奉献保障了旅客的安全出行。

大修工人"四大件"

半个多世纪前，铁路工务系统养路维修尚未实现机械化设备的普及，进行线路大修换轨施工时，主要依赖"人海战术"以及"四大件"：铁锹、镐头、耙子和筛子。50多年后的现在，清筛机、捣固车、配砟车、大修列车等现代化设备已全面应用于生产中，工人们亲切地将它们称为"新四大件"。

从前，铁路线路养护基本靠人力，原始的劳动方式，效率很低。清筛1千米道床就需要800至1000个工人起早贪黑忙一整天。简陋的"四大件"在大修工人手中发挥着最大的效用，陪伴着大修工人走过日夜抢修，走过风霜雨雪，走入新的时代。

20世纪60年代之后，为适应铁路快速化、重载化以及轨道结构重型化的技术发展，我国的铁路养护事业在多年探索之后，迈出了重要的一步，开始在工作中使用小型机械。

进入80年代，我国铁路运输密度持续加大，传统的方式和手段已无法满足繁忙干线的维修需求。与此同时，轨道结构的日益现代化也对养路机械的作业质量提出了更高的要求。在这种形势下，我国养路机械化工作不可避免地迎来了变革。

随着铁路的快速发展，我国自主研制的机械设备相继投入使用，逐步告别了人力主导的时代。现在，清筛作业只需一套清筛机组就能完成，而且作业精度之高、施工质量之好都是人力难以企及的。

铁路上的文艺之光——工人演出队

在铁路的各个基层站段，都有一些能歌善舞、喜爱吹拉弹唱的文艺积极分子。工会组织将他们汇聚在一起，于是各单位的文艺宣传队如雨后春笋般纷纷成立。这些宣传队的成员全部来自运输生产一线，他们有的是驾驶着钢铁巨龙驰骋在铁路线上的机车司机；有的是用微笑服务温暖着旅客旅程的乘务员；有的是在通信岗位上默默坚守的通信工；还有的是在铁轨上为铁路的安全畅通挥洒汗水的养路工。

逢年过节，他们便自编自演职工们喜闻乐见的小节目，到小站、工区去慰问演出。为铁路沿线带来了无尽的欢乐与温暖。

每到一处，大家就用枕木和篷布搭起简易的舞台，用普通的电灯做舞台照明，音响则只有一台晶体管扩音器，服装、道具也基本是就地取材。尽管条件简陋，但演员们个个多才多艺，精气神十足！

在没有电视、文化生活匮乏的年代，工人自己的文艺宣传队在偏僻的铁路沿线深受职工家属欢迎。每逢演出队到来的消息传出，职工家属们便奔走相告。男女老少满怀期待，早早来到现场，用砖头、板凳"占座"，那场景充满了生活的气息。甚至十里八乡的村民也被吸引而来，台下很快就被围得水泄不通。演出开始后，宣传队员们鼓足了劲儿，用心演绎每一个动作、每一句台词。台上演得热烈，台下掌声、笑声不断，交织成无比动人的画面。时至今日，这个场景依然是铁路职工家属心中一段温暖而难忘的记忆。

筑路大军 热血征程

那个年代，施工机械稀缺，工人们仅凭简单原始的工具，用血肉之躯扛起艰巨的任务。

我们的筑路大军，怀着四海为家的壮志豪情，栉风沐雨，逢山开路，遇水架桥，无论是陡峭的山峰，还是湍急的河流，都无法阻挡他们前进的步伐。他们以不屈不挠的精神，攻克了一个个看似不可逾越的难关，创造了一个个令人惊叹的奇迹。

新中国铁路今天的辉煌，离不开一代代铁路人艰苦卓绝的努力。他们不仅为后人留下了宝贵的物质财富，还为后人传递了珍贵的精神财富。

如今，新中国铁路已昂首迈入高铁时代，铁路人正在续写着新的壮丽篇章。但那段艰苦奋斗的岁月，以及铁路人自强不息、忘我奉献、开拓进取的精神，将永远铭刻在人们心中，激励着后来者砥砺前行。

"基建狂魔"无愧时代

截至2023年年底，中国高铁总里程已达4.5万千米，稳居世界第一。这一辉煌成就的背后，离不开一支支被赞誉为"基建狂魔"先行军的铁路建设大军。他们是当之无愧的时代英雄，以顽强的意志和卓越的智慧，铸就了中国铁路的传奇。

如果说过去的筑路大军是在条件的限制下凭借体力铸就辉煌，那么如今的"基建狂魔"则是在先进技术的支撑下，以"脑力"指挥着各种机械。提升的是建设速度与质量，不变的是铁路人迎难而上的奋斗精神与奋勇创新的开拓意识。

从青藏高原的"天路"，到东部沿海的高速铁路网；从城市的铁路扩建，到偏远地区的支线通车；从国内铁路建设，到国外铁路援助……"基建狂魔"们凭借日新月异的共建技术，推动了铁路事业的快速发展，让中国高铁成为一张闪耀的国家名片。

102

以雪为令 守护畅通

在祖国大东北，冬日的冰雪如同一层洁白的绒毯，覆盖了山川大地，一派北国好风光。然而，这美丽的冰雪却给铁路运输带来了极大的威胁。

每次入冬前，铁路系统的各单位便早早制定了详尽的预案，严阵以待极寒天气与冰雪的侵袭。在运输一线，有一个不成文的规定——从入冬的第一场雪开始，之后每逢降雪，无论是坚守岗位的值班人员，还是本应休假在家的干部工人，便"以雪为令"，不召即来，毅然投身于抗击冰雪的战斗之中。

车站的道岔是关键之处，必须有专人值守，降雪天气随下随扫，不能有丝毫懈怠，哪怕残留一点儿积雪，都可能造成严重的后果。站台上的积雪也必须及时清扫，以免旅客滑倒摔伤。

与此同时，探伤人员也行动起来，携带着精密的仪器，一步步，细致入微地检查线路，不放过任何一个可能出现冻伤断裂的地方。

年复一年，冰雪严寒如同顽固的敌人，一次次地向铁路运输生产发起挑战，给铁路工作人员带来了巨大的压力，让他们的工作任务变得更加繁重。但铁路人始终牢记自己的责任和使命，一次次战胜雪害，在冰天雪地中守护着畅通无阻的钢铁之路。

劳动者的微笑

在过去的年代，铁路人对工作和生活中的艰苦有着最为深刻的体会。

那时人们的衣食住行与今日相比有着天壤之别。但是，那时人们的快乐指数却并不低。铁路人亦是如此，他们爱说爱笑、爱唱爱跳，艰苦的生活并未磨灭他们心中的那分热忱与活力。

究竟是什么让他们如此快乐呢？重要的原因在于，他们为国家的建设贡献着力量，尽情地发挥着个人的光和热。他们在工作中找到了价值，寻得了意义。每一次挥洒汗水，都是为祖国建设添砖加瓦；每一次辛勤劳动，都是对美好未来的期许。他们深知自己的工作不仅仅是为了生存，还是为了祖国的繁荣富强。

有价值的工作是快乐的，这些朴实的劳动者最有资格享受这份快乐。他们用双手创造未来，用汗水书写辉煌。他们的微笑发自内心，毫无粉饰，那是人世间最美的笑容。

这份笑容中蕴含着坚韧、执着与自豪。他们为自己的努力感到骄傲，为祖国的进步感到欣慰。他们用行动诠释了拼搏的意义。他们的故事，是一部奋斗的史诗，激励着后人在进取中寻找快乐，在挑战中实现价值。

争当先进 时代风尚

在漫长的中国铁路史上，英雄模范的光辉从未褪色。从解放全中国的英勇奋斗，到抗美援朝的奋勇向前，再到社会主义建设的热火朝天，直至铁路飞速发展的新时代，铁路大军中的先进人物犹如璀璨星辰，熠熠生辉。

他们是楷模，是排头兵，引领着百舸争流、昂扬进取的时代风尚。在各车站之间，"创建三优文明站"活动同样热烈展开，车站工作人员致力于以优美的环境、优良的秩序、优质的服务，让每一位旅客都感受到铁路人的热情与专业。

各种劳动竞赛、技术比武、争当标兵等活动，激发了铁路人的无限潜能。在这个过程中，涌现出大批具有鲜明时代特征的先进模范人物。他们或许是在严寒酷暑中坚守岗位的信号工，或许是在列车上悉心服务的乘务员，又或许是在幕后默默保障安全的技术员。他们用自己的行动诠释着铁路人的责任与担当。

在那个年代，先进模范是人们心中的偶像和人生坐标。他们以榜样的力量，激励着一代又一代铁路人拼搏进取。各单位之间形成了比学赶帮超的良好风气，这种积极向上的氛围，为铁路发展注入了强大的动力。

离开了铁路 播撒了精神

　　铁路职工生病时，可前往铁路医院就医；铁路子女到了学龄也能在铁小、铁中就读。这种模式在特定的历史时期发挥了关键作用，给予了铁路职工满满的安全感和归属感。

交给时代的答卷

　　1983 年，部分铁路局撤销或合并，曾经熟悉的办公楼、并肩作战过的同事、挥洒过汗水的岗位，每一个场景都承载着无数的回忆和情感。面对即将到来的分别，人们都难舍难分，纷纷来到曾经工作的地方合影留念，只为将这份珍贵的记忆永远珍藏。但他们并没有在离别的伤感中沉浸太久，就毅然奔赴新的岗位，开启新的工作和生活。他们以实际行动诠释了家国情怀，他们明白，只有国家富强了，个人才能有更好的发展。

　　如今，这一代铁路人大多数都已退休归家，离开了工作岗位。但当年的情怀依旧。那一条条现代化的铁路线、一列列高速飞驰的列车，都见证了他们曾经的奉献与取舍。

112

薪火相传 后继有人

　　在铁路职工队伍的建设中，一直有着以老带新的优良传统。老一代铁路人，有着浓浓的铁路情怀，他们思想过硬，业务精通，是铁路事业的中流砥柱。

　　经历就是财富。老职工们曾在艰苦创业中磨砺，他们讲述亲身经历的风雨坎坷，讲述艰苦奋斗的励志故事，激励后辈们沿着前辈的足迹，继往开来，书写新时代新篇章。

　　老一代铁路人以自己的耐心与热忱，手把手地传授业务知识，耐心地解答每一个疑问，在他们的言传身教之下，朝气蓬勃的一代新人如雨后春笋般迅速成长，在各个岗位上绽放着青春的力量，成为铁路事业的生力军。

　　长江后浪推前浪，这是历史发展的必然规律。铁路人薪火相传，后辈们从前辈们的经历中汲取智慧和力量，以创新的思维和拼搏的精神，为铁路事业注入新的活力。

第三篇
春华秋实

回顾昨天，写满铿锵旋律；春华秋实，遍摘累累硕果。中国高铁，已然成为一张耀眼的国家名片。中国铁路举世瞩目的成就，是中国实力的象征。

中国高铁，驰骋在充满希望的田野上。东方巨龙，将以更昂扬的姿态，腾飞于世界。

中国铁路六次大提速

在华夏大地纵横交错的铁路网上，中国铁路的六次大提速犹如一曲激昂奋进的时代乐章，奏响了中国铁路发展的最强音。

1997 年 4 月 1 日零时，中国铁路第一次大提速全面实施，如一声嘹亮的号角，拉开了中国铁路提速的序幕。从此，中国铁路踏上了高速发展的征程。提速列车最高运行时速达到 140 千米 / 时，全国铁路旅客列车平均旅行速度也由 1993 年的时速 48.1 千米 / 时提升至时速 54.9 千米 / 时。这一突破，为中国铁路的未来发展奠定了坚实基础。

此后十年，铁路提速的步伐从未停止。每一次提速，都是对速度极限的挑战，也是对铁路技术的革新。

2007 年 4 月 18 日零时，第六次大提速震撼登场。在京哈、京沪等既有铁路干线上，时速 200 千米 / 时的列车疾驰如飞，这些经过提速的干线总延展里程可一次性达到 6003 千米 / 时，部分技术条件较好的区段，列车运行速度甚至可达 250 千米 / 时。中国铁路既有线提速一举跻身世界先进铁路行列。

这六次大提速意义非凡。它大幅提高了铁路运输的效率，让旅客出行更加便捷高效，货物运输更加迅速及时。同时，也极大地促进了区域间人流、物流、资金流、信息流的快速流动，为经济发展注入了强劲动力。

对于人民群众而言，生活质量显著提升，对于中国铁路现代化来说，更是具有里程碑式的意义，这六次大提速标志着中国铁路在技术、管理、服务等方面实现了质的飞跃。

一代铁路人亲历并见证了这一历史进程，他们用汗水和智慧，描绘了中国铁路的壮丽诗篇。他们是时代的先锋，是铁路发展的脊梁。在他们的努力下，中国铁路必将继续创造新的辉煌。

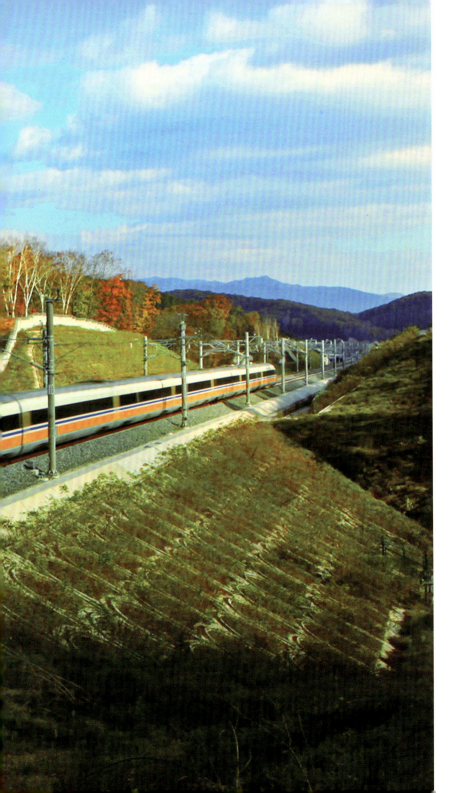

中国高铁——引领世界的速度

中国高铁，作为现代交通运输领域的璀璨明珠，已然成为一张亮丽的国家名片。

中国高铁以其惊人的速度、卓越的安全性和高度的可靠性而著称于世。它的飞速发展始于 21 世纪初，在短短二十多年间，便构建了一个庞大且先进的高速铁路网络。如今，纵横交错的高铁线路贯穿全国各地，极大地缩短了城市之间的距离，促进了区域经济的协同发展。

速度是中国高铁最为显著的优势之一。它以每小时百公里的速度飞驰，让人们能够在短时间内快速抵达目的地，先进的技术保障了列车在高速运行中的平稳与安全，为乘客提供了舒适的乘车体验。

中国高铁的工程建设成就同样令人瞩目。从复杂的地质条件到恶劣的气候环境，建设者们攻克了一个又一个难关，打造出了坚固耐用的高铁线路。在列车制造方面，中国高铁拥有自主研发的核心技术，能够不断推陈出新，研发出更高速、更智能的车型。

此外，中国高铁还积极拓展国际市场，将中国的高铁技术和标准推向世界。与众多国家开展合作，为全球高铁的发展贡献了中国智慧和中国方案。

中国高铁的发展迭代不仅是交通工具的革新，更是国家综合实力的体现。它见证了中国科技的进步与创新能力的提升，也展示了中国在基础设施建设领域的强大实力。未来，中国高铁必将继续引领世界高铁发展的潮流，为人类的交通出行带来更多的便利与惊喜。

121

高铁车站

　　截至 2023 年年底，我国已有 1189 座高铁车站投入运营，这一惊人的数据，见证着中国高铁网络的飞速扩展。每一座高铁车站，都是中国速度与中国质量的完美结合，是科技与人文交相辉映的杰作。

　　走进这些高铁车站，首先映入眼帘的便是其独特的设计理念与建筑特点。文化元素的融入，让每一座车站都成为镶嵌在当地的文化名片。设计师们精心整合历史文化资源，从古老的传说、传统的技艺到独特的民俗风情中，提取典型文化元素，巧妙地融入建筑的每一个细节中。

　　高铁站的设计理念和建筑风格也体现了现代化美学与地方特色自然景观的融合。在设计中，车站强调节能、节水、节材和环境保护，太阳能板的广泛应用、雨水收集系统的设置、环保材料的使用，不仅降低了能源消耗，减少了对环境的污染，更是为社会公众利益提供了强有力的保障，也充分体现了中国对可持续发展的高度重视。

　　高铁车站通常建得高大宏伟，这既是为了满足实际需求，也是一种象征性的表达。那高耸的穹顶、宽敞的候车大厅，给人一种威严庄重的感觉。在这里，人们仿佛置身于一座现代化的宫殿，能够深切感受到国家的强大与自信。

　　高铁车站，不仅仅是交通枢纽，更是中国走向世界的重要窗口，向世人展示着中国的风采与魅力。

特色高铁站

我国地大物博，每个城市和地区都有其独特的人文、自然特色，在此基础上建设的每一座高铁站，都体现了独特的设计风格和丰富的文化元素上，展现了地方特色和现代设计的完美结合。

高铁站房的设计不仅考虑了实用性和功能性，还注重了审美和文化的表达，通过独特的设计元素和色彩搭配，让乘客能够感受到中国丰富多样的文化和地方特色，也成了城市的新地标。

高铁服务

过去，每逢春运、暑运以及小长假，探亲流、学生流、务工流、旅游流相互叠加，给交通运输带来难以承受的巨大压力。但是，中国高铁的迅速崛起如同一抹曙光，极大地缓解了这一难题。

中国高铁，不仅在时速上不断突破，更在服务上精益求精。铁路部门明确提出"安全出行、方便出行、温馨出行"的目标，始终坚守安全、正点、方便、快捷的原则。为了实现这一目标，铁路部门积极采用先进设备推动科学管理，不断创新服务方式。如今，中国高铁已成功实现服务文明、设备完善、环境舒适、饮食卫生的高标准。

中国高铁建立的系统化、常态化、规范化便民利民服务措施，贯穿了旅客出行的每一个环节。正是这种顺应市场需求的人性化服务，使得人们出行乘坐高铁时，更安全、舒适、便捷、快速。

为高铁提供动力之源

高铁令人惊叹的速度背后，是电能充当着动力之源。在铁路系统中，供电段作为一个至关重要的业务部门，犹如高铁的强大心脏，源源不断地为其输送着生命动力。

供电段肩负着无比重大的职责，涵盖了高铁等电气化铁路正常运行所需的所有电力支持和维护工作。从纵横交错的接触网架设，到变电所内精密复杂的设备调控，每一个环节都离不开供电段工作人员的智慧与汗水。

变电所是高铁电力供应的核心枢纽，在这里，值班人员日夜坚守岗位，时刻保持高度警惕，紧盯着仪表盘上跳动的数字。一旦发现异常情况，便迅速做出反应，采取果断措施进行处理，他们的每一个决策都关乎着列车的安全与旅客的生命。

而维修人员则是随时待命的"电力急救队"。故障发生时，他们毫不懈怠，迅速奔赴现场。在高空作业中，他们凭借着精湛的技艺和无畏的勇气，对接触网进行精心修整。他们动作明确利落，决策果断坚定，只为尽快恢复供电，让高铁重新奔驰在祖国的大地上。

此外，供电段的技术人员也在不断创新与探索。他们致力于研究新的技术和方法，并对设备进行升级改造，以提高供电的可靠性和稳定性，让高铁的动力更加强劲，运行更加顺畅。

铁路供电段以其卓越的专业能力和无私的奉献精神，为高铁的飞速运行提供了坚实的保障。他们是高铁背后的无名英雄。

动车组检修站

铁路车辆在运行过程中，不可避免地会面临零部件的磨耗、腐蚀和损伤。为了确保行车安全并延长车辆使用寿命，各种检查和修理工作尤为重要。动车作为现代铁路运输的核心力量，其检修工作更是容不得丝毫马虎。

全国铁路共有 85 个动车组检修站，它们分布在祖国大江南北，覆盖全国范围。这些检修站专门针对动车组列车进行全方位的作业，从细致入微的检查到严格的运行测试，从精心的维修到周到的养护，每一个环节都凝聚着检修人员的心血。

高科技监控作业系统是动车组检修站的一大亮点。利用先进的传感器和监控设备，技术人员可以实时监测动车的运行状态，及时察觉潜在的问题。一旦监测到异常情况，系统会立即发出警报，技术人员可以迅速采取处理措施，将安全隐患消灭在萌芽状态。

数码程序验收则为动车的维修质量提供了有力的支撑。每一项维修工作完成后，都要经过严格的数码程序验收，确保维修工作符合标准，使动车的性能和安全得到充分保障。

动车组检修站不仅是一个维修场所，更是一个科技创新的舞台。在这里，不断有新的技术和设备被应用到动车的检修工作中，共同组成了动车安全运行的坚实后盾。同时，动车组检修站也在不断培养和引进高素质的技术人才，为动车检修事业的发展注入新的活力。

高寒高铁

　　高寒高铁与其他地区的高铁最显著的区别在于，它必须克服在冻土环境下修建路基的巨大困难。

　　在高寒地区，土壤常年处于冻结状态，这给铁路路基的稳定性带来了严峻挑战。中国的铁路建设者们凭借顽强的毅力和卓越的智慧，成功攻克了这一难题，他们采用先进的技术手段，如热棒、保温材料等，有效地防止了冻土的融化和冻胀，确保了路基的稳固。

　　此外，高寒高铁的动车还必须能够在零下40℃到零上40℃这一温差达80℃的极端环境下安全运行，这对动车的动力系统、控制系统以及车厢的保温性能等都提出了极高的要求。中国的铁路科技人员通过不断地探索、试验等，全面掌握了高寒地区高铁的轨道技术、动力系统和控制系统技术，使高寒高铁能够在严寒环境下顺利通车、安全运行。

　　2012年12月1日，世界首条在高寒地区建设的高速铁路——哈大高铁正式开通。这条高铁的开通，标志着中国在高寒高铁建设领域取得了重大突破。随后，2015年8月17日和9月20日，哈齐客运专线和长珲客运专线也相继开通。在冬季极端气候条件下，这里最低温度达零下40℃，最大积雪厚度30厘米，沿线土壤最大冻结深度达2米，但这些高寒高铁依然能够正常运行。

　　为了实现这个目标，无数的科研人员、工程师和建设者们付出了辛勤的努力。

　　中国高寒高铁，是中国铁路建设的伟大成就，也是中国科技实力的生动体现。它向世界展示了中国人民勇于挑战极限、追求卓越的精神风貌。

南昆铁路

　　在祖国广袤的西南大地，一条钢铁巨龙穿山越岭，蜿蜒盘旋，这便是南昆铁路。它东起广西壮族自治区南宁市，西至云南省昆明市，北接红果（贵州省），全长898千米，如一条强劲的脉络，连接起广西、贵州、云南三省区，被称为"中华扶贫第一路"。

　　作为南方铁路网上的一条东西向运输大干线，南昆铁路是西南地区通往防城、北海、湛江港最便捷的通道，更是西南出海通道的重要组成部分。

　　1997年3月18日，南昆铁路全线铺通的那一刻，铁路建设者们与沿线民众的欢呼声热烈激昂，仿佛至今仍在耳畔回荡。那是无数建设者们心血与汗水的结晶，是对西南地区发展的殷切期盼。2014年12月23日，南宁至百色段增建二线工程开工建设，为这条大通道注入新的活力。2017年6月，南宁至百色段二线开通运营，

标志着南昆铁路迈向新的发展阶段。

千里南昆线上，地势陡峻，地质复杂，有高山有峡谷，全线建设中，一座座大桥横空出世，共有大中桥 476 座，总长 79.8 千米，平均不到两千米就有一座桥梁。高墩儿展示着建设的难度与高度，大跨度彰显着技术的突破与创新，新结构体现着时代的进步与发展。它们不仅仅是铁路工程的杰作，更是西南地区人民走向繁荣富强的希望之桥。

南昆铁路，承载着西南地区的梦想与未来。它推动着经济的蓬勃发展，拉近了人与人之间的距离。它是西南大通道的脊梁，挺起了地区发展的坚实胸膛，加快了沿线地区脱贫致富的步伐，为这片充满生机的土地带来无限的可能与希望。

青藏铁路

　　青藏铁路简称青藏线，是一条连接青海省西宁市至西藏自治区拉萨市的国铁Ⅰ级铁路，是中国新世纪四大工程之一，是通往西藏腹地的第一条铁路，也是世界上海拔最高、线路最长的高原铁路，因此被世人称为"神奇的天路"。

　　青藏铁路分两期建成，一期工程东起青海省西宁市，西至格尔木市，于1958年开工建设，1984年5月建成通车；二期工程，东起青海省格尔木市，西至西藏自治区拉萨市，于2001年6月29日开工，2006年7月1日全线通车。

　　青藏铁路全长1956千米，自西宁站至拉萨站共设85座车站，设计的最高速度为西宁至格尔木段160千米/时、格尔木至拉萨段100千米/时。截至2015年3月，青藏铁路的运营速度为西宁至格尔木段140千米/时、格尔木至拉萨段100千米/时。

　　青藏高原是世界的第三极，这里的许多地方都是生命的禁区。在修建青藏铁路的过程中，建设者面临着生命极限的挑战，成功破解了多年冻土、高寒缺氧、生态脆弱这三大世界技术难题，在雪域高原上创造了无数奇迹。青藏铁路的建成改变了西藏没有铁路的历史，它是中华民族伟大复兴的象征，也是新时代不屈不挠民族精神的体现。

　　2023年6月23日7时，青藏铁路西格段复兴号动车组开始试运行。截至2024年6月30日，青藏铁路累计运送进出藏旅客3688.5万人次、运送进出藏货物8775.1万吨。

京沪高铁

　　京沪高铁，作为连接北京市与上海市的高速铁路，自诞生之日起便肩负着重大使命。它是 2016 年修订的《中长期铁路网规划》中"八纵八横"高速铁路主通道之一，更是中国客运较繁忙、增长潜力较大的高速铁路。2008 年 4 月 18 日，京沪高铁正式开工建设，建设者们以满腔的热情与拼搏的精神投入到这项伟大的工程中。经过艰苦的努力，2011 年 6 月 30 日，京沪高铁全线正式通车，它设计的最高速度为 380 千米 / 时，截至 2017 年 9 月，最高运营速度为 350 千米 / 时，初期运营速度 300 千米 / 时。

　　从北京南站至上海虹桥站，全长 1318 千米的京沪高铁，串起了 24 座车站，为两地之间的往来带来了前所未有的便捷。

　　京沪高铁之所以这么"火"，缘于它的重要地位和卓越品质。它极大地缩短了北京与上海之间的时空距离，让商务往来更加高效，让情感传递更加迅速，让旅游出行更加便捷。它不仅是一条交通大动脉，更是连接经济、文化的重要纽带。

京津城际铁路

京津城际铁路作为连接北京市与天津市的重要交通线路，在中国铁路发展的蓝图中占据着至关重要的位置，是《中长期铁路网规划》中环渤海地区城际轨道交通网的关键组成部分，也是该规划中第一个开通运营的城际客运系统。

2005 年 7 月 4 日，京津城际铁路正式开工建设，那是一个充满希望与挑战的开端，建设者们精心雕琢着这条即将改变区域交通格局的大动脉。经过 3 年的不懈努力，2008 年 8 月 1 日，京津城际铁路正式开通运营，以中国大陆第一条高标准、设计速度为 350 千米 / 时的高速铁路之姿，惊艳亮相，初期运营时速与设计时速一致，高达 350 千米 / 时，瞬间拉近了北京与天津的距离。2015 年 9 月 20 日，京津城际铁路延伸线工程开通运营，进一步拓展了其服务范围。

京津城际铁路由北京南站经天津站至滨海站，全长约 166 千米，设 7 座车站。截至 2023 年 8 月，京津城际铁路开通运营已 15 年。在这 15 年里，它累计发送旅客 3.4 亿人次。

武广高铁

  武广高铁是京广高速铁路的重要组成部分，从武汉站至广州南站，武广高铁运营里程长达 1069 千米，它穿越山河，跨越千里，连接起中部与南部的重要城市，成为区域经济发展的强劲动脉。

  2005 年 6 月 23 日，武广高铁正式开工建设，经过 4 年奋战，2009 年 12 月 26 日，武广高铁开通运营，初期运营速度 350 千米 / 时。武汉至广州的运行时间由原来的十多个小时缩短至三四个小时。截至 2024 年 5 月，武广高铁累计发送旅客 16.85 亿人次。

  武广高铁的全面投入运营，意义重大而深远。它标志着我国已经从机车制造到铁路设计、施工建设以及列车运行控制、铁路运营管理等方面，全方位掌握了高速铁路技术。我国能够率先步入高速铁路时代，武广高铁功不可没。

  武广高铁，是中国高铁时代的引领者，它以其卓越的速度、先进的技术和重大的意义，为中国高铁的发展树立了光辉的榜样。

哈大高铁

　　哈大高铁北起黑龙江省哈尔滨市，南至辽宁省大连市，纵贯东北三省。这条高速铁路的建设和运营，不仅拉近了黑龙江、吉林、辽宁三省的时空距离，也推动了东北地区经济社会的发展。

　　哈大高速铁路于 2007 年 8 月 23 日动工建设，2010 年 12 月 28 日全线完成铺轨，2012 年 12 月 1 日竣工运营。沈哈段于 2013 年纳入中国"八纵八横"高铁线路京哈高速铁路。哈大高铁线路全长 921 千米，共设 22 座车站，设计速度 350 千米／时，列车运营速度 300 千米／时。

　　哈大高铁的成功运营，标志着中国在高速铁路技术方面取得了重大进展，尤其是在高寒地区的铁路运营经验上，为全球高铁建设提供了宝贵经验。此外，哈大高铁的开通还极大地促进了东北地区的旅游发展，使得"三省四地一日游"成为现实，进一步加速了区域内的旅游合作和经济发展。

大型架桥机显神威

　　在高铁建设的宏伟征程中，无数的大江大河与深山峡谷横亘在前，一座座气势恢宏的大桥拔地而起，跨越天堑，让天南海北紧密相连，使曾经难以逾越的阻碍变为通途。

　　这些离不开我国自主制造的大型架桥机，架桥机属于起重机范畴，但与普通起重机相比，作业更细致，工作条件更苛刻。这些庞然大物由钢铁铸就，每一个零件都凝聚着我国工程技术人员的智慧与汗水。它们拥有着令人惊叹的力量和精准度，轻松地将巨大的桥梁吊起、移动并准确安装到位。

　　目前在高铁施工中广泛使用的运架一体机，又称流动式架桥机。它集运梁、架梁于一身，对比原有的架桥机、运梁车有明显的优势，能够大幅提高施工效率，应对各种复杂的环境和条件。运架一体机以施工速度快、机动性能强和安全系数高的优点，在铁路建设中发挥着重要作用。

　　曾经，桥梁架设可能是高铁建设中的"卡脖子"工程，但如今，有了这些大型架桥机，一切都变得游刃有余。无论是险峻的峡谷还是宽阔的河流，架桥机都能从容应对，它们以稳定的性能和高效的作业，不断刷新着桥梁建设的速度和质量纪录。

中国最长的拉煤火车

大秦铁路和朔黄铁路作为西煤东运的重要大通道，承担着连接西部煤炭产区和东部消费区的重要任务。

大秦铁路是我国第一条开通重载单元列车的铁路，也是我国第一条双线电气化重载运煤专线，同时也是我国现代化水平最高的货运铁路之一。大秦铁路被誉为中国经济走势的"晴雨表"，在服务经济社会发展、确保国家能源战略安全中发挥着重要作用。

朔黄铁路作为连通晋北高原与渤海湾畔黄骅港的咽喉要道，年运输量超3亿吨，进一步巩固了其在西煤东运战略中的地位。

2024年4月，朔黄铁路3万吨级重载列车，从朔黄铁路肃宁北站出发，经过3个多小时的运输后抵达黄骅港站，这标志着3万吨重载列车运行试验取得了圆满成功，对于提升我国煤炭运输能力及探索重载技术前沿水平具有重要意义。

朔黄铁路3万吨级重载列车是目前我国铁路编组最长、载重最大的重载列车。该列车由4台"国能号"大功率交流电力机车牵引。满载324节车厢煤炭，总长达到4088米，总重量约32400吨。

巅峰之作

2022 年第 24 届北京冬奥会期间，复兴号"瑞雪迎春"号智能动车组行驶在京张铁路上。复兴号"瑞雪迎春"号被誉为中国国家铁路集团有限公司在高速列车技术方面的巅峰之作。

列车以冰雪蓝为基调，配以飘舞的白色飘带和雪花与运动元素，处处呈现着中式美学与奥运之风，既彰显了冬奥主题，又展现了流线型设计。头车增设司机登乘门，提高了商务旅客的乘坐私密性。4 号车厢为无障碍车厢，座椅可全部拆除，方便残障人士乘坐，并设有助听系统、无障碍卫生间和站台补偿器。整列车厢内部的人性化设计也随处可见，如智能环境感知调节技术能自动调节车内温度、灯光和车窗颜色等功能。此外，还设有滑雪器材柜和兴奋剂检测样本存放区，供旅客观赏了解。

列车实现了时速 350 千米 / 时的自动驾驶功能，车上的 5G 超高清演播室，提供了稳定的供电电源和网络传输通道，支持 4K 超高清直播。车厢内还设有冷水直饮系统，利用净水器提供直饮水。

车头采用模拟鹰隼和旗鱼的空气动力学头型，能够降低空气阻力，适应高寒环境，实现节能运行。列车的外观设计不仅注重功能性，还在曲面与特征线上注重"形神兼备"的表达方式，在结构和体态上彰显了"气韵生动""动静结合"的审美境界。

综上所述，复兴号"瑞雪迎春"号不仅是一次成功的奥运列车设计，更是通过其独特的设计、先进的技术、人性化的内部设施以及文化与艺术的融合，展示了"中国速度""中国技术"与"中国审美"。

现代化调度指挥中心

在各个铁路局调度指挥中心大厅里，都不分昼夜，灯火通明。调度员们如同指挥官，用敏锐的目光密切注视着显示屏上的一个个车站和一列列正在运行的火车，不时与前方联系，发出各种指令。

铁路局调度指挥中心是铁路运输的中枢机构，负责管内铁路运输的调度指挥工作。该中心拥有先进的调度指挥系统和设备，通过信息化手段实现对列车运行的实时监控和调度指挥。

铁路局调度指挥中心的工作对于保障铁路运输的安全、高效和有序运行具有重要意义。通过科学合理的调度指挥，可以提高铁路运输的效率和服务质量，满足人民群众对铁路出行的需求。近年来，铁路系统还积极推进信息化建设和技术创新，不断提升调度指挥的智能化水平。

153

中国高铁在科技领域的重大突破

中国高铁在科技领域取得了众多突破和卓越成就，展示了我国强大的科技实力和综合国力，增强了国民的国家认同感和民族自豪感，凝聚了全国人民的力量，对于国家的稳定和团结具有重要意义。

CR450 高速动车组研发是中国"十四五"规划确定的重大科研项目，旨在打造更高速度的高铁动车组。2023 年 6 月，国铁集团成功进行了 CR450 高速动车组的高运行速度性能验证试验，创下了速度 453 千米 / 时的纪录，这标志着我国在高铁速度提升技术研发方面取得了重要突破。其商业运行速度预计将达到 400 千米 / 时，相比之前的动车组速度更快，且在制动性能、牵引效率等方面均有显著提升。

2024 年 7 月，国内自主研制的首款高速内置转向架在中车长春轨道客车股份有限公司正式对外发布。该转向架的设计速度为 400 千米 / 时，试验台速度已达 600 千米 / 时，满足动车组速度 400 千米 / 时运行所需的稳定性、平稳性等各项技术指标要求。该转向架采用了多项创新技术，展现了我国在高速转向架领域的自主研发能力。

我国攻克了第三代轨道交通牵引技术——永磁同步电机牵引系统，并掌握完全自主知识产权。永磁牵引系统具有更高的效率和功率密度，能够显著降低高速列车的牵引能耗。这一技术的应用使我国成为继德、日、法等国之后，世界上少数几个掌握高铁永磁牵引系统技术的国家之一。

国家 863 计划"高速铁路减振降噪关键技术"课题围绕我国高速铁路发展的重大需求，研发了高速列车关键部件的低噪声设计技术、高速铁路轨道、桥梁、隧道减振降噪以及减载式声屏障技术，并研制出了相关装备。这些成果形成了我国高速铁路减振降噪技术体系，对建设环境友好型高速铁路具有重要意义。

运用人工智能和大数据分析，对列车的运行状态、载荷情况和环境条件进行实时监控，并自动调整能耗策略，实现更智能的列车运行控制。例如，在高铁的维护保养方面，利用智能监测系统可以实时监测列车各部件的运行状态，提前发现潜在的故障隐患，提高列车运行的安全性和可靠性。

中国高铁列车车体使用轻质复合材料，外形采用流线型头形、下沉式受电弓等减阻技术，以降低运行阻力。车内采用 LED 照明、变频空调、变频风机等节能用电设备，以节省电能。这些措施使得中国高铁列车人均百公里能耗仅为飞机的 18% 左右 和大客车的 50% 左右，在节能环保方面具有显著优势。

连接印度尼西亚雅加达和万隆的雅万高铁是中国高铁全系统、全要素、全产业链走出去的 "第一单"。在建设过程中，中国高铁不仅输出了高铁的建设和运营技术，还带动了当地相关产业的发展，为当地培养了技术人才，有力地推动了当地的经济发展。

中国铁路 辉煌成就

自 1949 年新中国成立以来，中国铁路的发展经历了几十年的跌宕起伏，但在改革开放及近年来"一带一路"倡议的推动下，中国铁路取得了一系列的辉煌成就。

截至 2021 年，全国铁路运营里程达 15.9 万千米，其中高铁里程达 4.5 万千米，在中国铁路的建设过程中，不仅大力发展高速铁路，也重视普通铁路的发展，形成了连接中国各地的铁路网。通过铁路、公路、水路等多种交通方式的联合运输，构建了一个便捷、快速、高效的中国交通运输体系。

中国的高速铁路技术自主创新成果越来越受到国际市场的关注。其中，2017 年开通的从上海到北京的"复兴号"高速动车组，在速度和乘客体验等方面都达到了世界领先水平。同时，中国铁路技术在维护设施领域也展现出强大的实力。例如固定式监测系统可以对铁路轨道及其支座的状态进行实时监控，为铁路运输的安全提供了重要保障。

中国铁路在服务方面不断推陈出新。在国内外多条铁路线上，中国铁路已经推出了各种智能服务系统，为旅客提供更加便捷的体验。

高铁，四季之舞

高铁风驰电掣，如离弦之箭，瞬间跨越四季：是春之声，唤醒大地，使窗外新绿萌动，生机盎然；是夏之光，炽热闪耀，照耀着山川湖泊熠熠生辉；是秋之韵，宁静深沉，金黄稻田与满山红叶交相辉映；是冬之魂，纯洁坚毅，在冰雪世界中高铁勇往直前。

高铁，舞动四季，驶向未来。